KB097013

칼퇴족 김대리는 알고 나만 모르는 SQL

2023년 4월 10일 개정판 1쇄 인쇄
2024년 1월 15일 개정판 2쇄 발행
—

지은이 김지훈
감수자 김재현
펴낸이 이상훈
펴낸곳 책밥
주소 03986 서울시 마포구 동교로23길 116 3층
전화 번호 02-582-6707
팩스 번호 02-335-6702
홈페이지 www.bookisbab.co.kr
등록 2007. 1. 31. 제313-2007-126호
—

디자인 디자인허브
—

ISBN 979-11-93049-01-3 (13000)
정가 15,000원

ⓒ 김지훈 2023

책밥은 (주)오렌지페이퍼의 출판 브랜드입니다.

| 개 정 판 |

For
Beginner

칼퇴족
김대리는 알고
나만 모르는

SQL

김지훈 지음 | **김재현** 감수

책밥

"SQL을 사용해서 데이터를 추출하고, 객관적 상황을 판단하는 일은
결코 어려운 일이 아니다."

우리는 현재 '데이터의 홍수' 시대에 살고 있습니다. 자본시장의 환율, 주가, 이자율
등과 같은 시장 데이터, 카드 금융거래와 같은 금융거래 데이터, 휴대폰을 사용하면서
생성되는 위치 정보, 인터넷 검색엔진을 통해서 발생하는 검색어 등과 같이 데이터의
양은 무수히 많고, 그 종류 또한 다양해지고 있습니다. 주가지수와 카드 승인금액 간의
관계를 분석하여 카드사용금액 증대를 위한 프로모션을 만들 수도 있고, 카드사용금액
데이터로 카드 사용의 계절성과 시간 흐름에 따른 사용금액의 변화를 분석할 수도 있습
니다. 이처럼 다양한 데이터를 잘 분석해보면 그 안에서 데이터 정보의 의미를 해석하
거나 앞으로의 일을 예상해볼 수 있습니다.

비즈니스 세계에서 중요한 것 중 하나는 나의 논리를 상대방에게 이해시키고, 그것
을 실행할 수 있도록 설득하는 일입니다. 비즈니스 관계에 있는 사람을 설득할 때 가장
쉽고 논리적인 방법은 '숫자'로 커뮤니케이션하는 것입니다. SQL을 활용함으로써 자신
의 주장에 신뢰를 쌓을 수 있고 원하는 바를 달성할 수 있게 된다면 그것이 곧 자신만의
비즈니스 능력이 됩니다.

SQL은 데이터를 일정한 공간에 저장하고, 저장한 데이터를 읽기 위해 사용되는 언
어입니다. 많은 사람들이 SQL은 너무 어려워서 배우기 힘들다고 생각하지만, 데이터를
읽고 이를 활용하는 측면에서 보면 사실 그렇게 복잡하고 어려운 언어가 아니라는 것을
깨달을 수 있습니다. 필자는 데이터를 다루고 이를 활용하여 의사를 결정하는 부서에
있으면서 SQL의 어떠한 문장 구조를 많이 사용하는지 또 이를 복잡한 함수가 아닌 직
관적인 방식으로 추출할 수 있는 방법이 무엇인지에 대해 많은 고민을 해왔습니다. 그
리고 이렇게 경험한 내용을 타 부서의 사람들과 공유하면서 의미 있는 성과를 내는 것
을 지켜볼 수 있었기에 더 많은 사람들과 공유하고 싶은 마음에 책을 집필하게 되었습
니다.

이 책의 장점은 다음과 같습니다.

첫째, SQL 입문자가 좀 더 쉽게 배울 수 있도록 '김 대리'와 '이 차장'이라는 인물을 본문 중간중간에 등장시켜 구성하였습니다. 이 차장은 김 대리의 멘토로서 김 대리가 스스로 SQL에 대해 알아나갈 수 있도록 옆에서 조언하는 인물이고, 김 대리는 이 차장의 도움으로 짧은 시간 내에 SQL을 마스터하는 인물입니다. 각 장이 시작하기 전에는 두 사람의 대화를 통해 회사에서 겪는 에피소드나 그날 배울 SQL에 대한 개념을 간단하게 살펴볼 수 있는 스토리텔링으로 구성하였고, 본문 중간에는 '이 차장's tip'을 넣어 실제로 옆에서 누가 가르쳐주는 느낌을 받을 수 있도록 하였으며, 각 장의 마지막에는 '김 대리의 실습'이 배치되어 있어 이론으로 배운 내용을 직접 연습해볼 수 있습니다.

둘째, 데이터를 다루는 실무 현장에서 가장 빈번히 사용하는 개념들만 선정하여 책 내용에 포함시켰습니다. 이러한 이유로 혹자는 이 책의 내용이 너무 가볍다고 느낄 수도 있을 것입니다. 그러나 이 책의 집필 의도는 SQL을 처음 접하는 사람들이 빠른 기간 내에 쉽게 이해하여 실제 업무에 투입되었을 때 바로 사용할 수 있도록 도와주는 것입니다. 필자의 경험으로 짐작해 보았을 때 이 책에서 다루는 기본적인 내용만으로도 실무 현장에서 요구하는 거의 대부분의 자료 추출 및 분석이 가능하다고 생각됩니다.

셋째, 실제 비즈니스 세계에서 사용하는 침투율(Penetration rate), PPC(Product per Customer) 등의 비즈니스 성과지표를 소개하면서 단순한 데이터 추출을 뛰어넘어 숫자의 의미를 찾을 수 있도록 하였습니다.

끝으로 필자에게 데이터가 무엇인지 이해할 수 있도록 알려주신 은사님들, 그리고 데이터를 다룰 수 있게 도와주신 직장 선배님들, 감수자 김재현 교수님께 진심으로 감사드리며, 마지막으로 이 책을 출판할 수 있도록 도와주신 오렌지페이퍼 관계자 여러분께도 감사를 드리고 싶습니다. 아울러 밤을 새는 집필 과정에서 시간을 함께하지 못했지만 응원과 격려를 해준 사랑하는 아내에게 진심으로 감사한 마음을 전하고 싶습니다.

2014년 8월 김지훈 드림

이 차장과 김 대리의 스토리텔링

회사생활 에피소드를 통해 그날 배울 SQL에 대한 개념을 가볍게 살펴봅니다.

문법 **SQL 문장 풀이**

SQL의 핵심 문법과 문장의 의미를 먼저 살펴볼 수 있도록 본문 서두에 배치하였습니다.

+ **이차장's tip**

실제로 옆에서 누가 가르쳐주는 느낌을 받을 수 있도록 본문 중간에 필요한 팁을 적재적소에 배치하였습니다.

예제

이론을 배운 다음 바로 간단한 예제를 통해 배웠던 내용을 확인할 수 있도록 구성하여 실무 상황 적응 능력을 높입니다.

알아두면 유용한지식~!

혼동되기 쉬운 개념이나 본문을 확실하게 이해하는 데 도움이 되는 내용들이 제공됩니다.

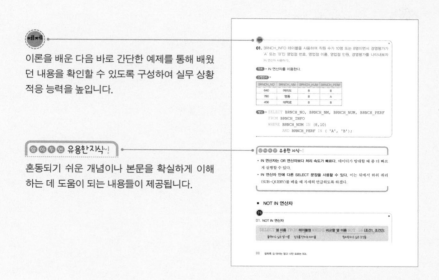

강대리의 실습~!

현장에서 만날 수 있는 업무 상황을 설정하고, 이론을 종합적으로 활용하여 문제를 해결할 수 있는 능력을 키웁니다.

※ 이 책의 본문 또는 예제에 사용되는 '테이블'은 찾아보기 편하게 권말(213쪽~225쪽)에 모두 모아두었습니다.

※ 실습에 필요한 예제 파일은 **책밥 홈페이지(www. bookisbab.co.kr)**의 게시판에서 내려받을 수 있습니다.

Structured Query Language

차례

01 DAY

SQL의 개요

SQL과 데이터베이스는 닭과 달걀의 관계와 비슷하다. 데이터베이스의 전반적인 개념에 대해 살펴보고, SQL이 어떤 언어이며 어떻게 활용되는지 등에 대해서 알아볼 것이다.

인문학도 김 대리, 데이터베이스에 입문하다

김 대리는 영업지원팀으로 발령 받은 지 세 달이 되었다. 성격이 급한 영업지원팀 부서장인 장 부장은 김 대리에게 많은 기대를 하고 있었고, 이제 김 대리가 산출물을 내기를 바라고 있다. 이 차장은 부서 내 김 대리의 공식적인 멘토로, 관대함과 깊은 통찰력으로 많은 이들에게 신망을 받고 있다. 월요일 오전 9시 30분. 장 부장은 10시에 임원진과 미팅이 있다. 바쁘게 자료를 검토하다가 중요한 수치가 자료에서 누락되어 있는 것을 발견

하였다. 이에 자료 취합을 담당하는 이 차장을 찾았지만 그는 외근 중이었다. 팀원들은 모두 다른 회의에 참석 중이었고, 남아있는 팀원은 김 대리한 명뿐이었다. 장 부장은 김 대리에게 2013년 이후에 생긴 영업점당 수익에 대해 자료 추출을 할 수 있냐고 물었으나 김 대리는 기어들어가는 목소리로 못한다고 대답했다.

2013년 이후 생긴 영업점당 수익에 대해 자료를 추출할 수 있나?

아니오……

필요한 정보가 없이 회의에 참석한 장 부장은 좋지 않은 분위기로 회의를 끝냈고, 외근에서 돌아온 이 차장과 김 대리를 함께 불러 김 대리의 업무 습득 능력을 질타했다. 그리고 이 차장에게 김 대리가 SQL을 2주일 내에 마스터할 수 있도록 도와줄 것을 주문했다.

이 차장, 김 대리를 2주 내로 실무에 투입할 수 있도록 SQL을 마스터시키게!

네!

이 차장은 부서장의 호통에 위축된 김 대리를 위로해주며 이후 계획에 대해서 논의하였다.

"김 대리, 오늘 많이 놀랐지? 부장님이 이제 김 대리가 부서 내 적응을 끝냈다고 생각하신

것 같아. 산출물도 요구하시고……. SQL, 생각만 해도 낯설게 느껴지지? 경영학을 전공한 나도 처음에 희한한 프로그래밍 언어를 시켜서 고생이 많았는데 공부해보니까 영어 문법이랑 많이 비슷하더라고! 마치 영작하는 느낌이랄까? 아직 느낌이 안 오지? SQL 관련된 책들도 많이 찾아봤는데 너무 전문적이고 기계적이어서 쉽게 머릿속에 들어오지 않더라고. 근데 직접 사용해보니 몇 개의 SQL 문법만 알면 부장님이 원하는 자료를 대부분 추출할 수 있었어. 실제로 그런지 같이 한번 공부해볼까? 우리에게 주어진 시간은 2주일이야. 내가 하루에 20분씩 필요한 문법들에 대해 설명해줄게. 그러면 김 대리가 내 업무를 도와주면서 자료 추출을 직접 해보는 거야."

이 차장의 말에 힘이 난 김 대리는 바로 실행에 들어가기로 했다.

"먼저 테이블과 데이터베이스의 개념을 알아보고, SQL의 활용에 대해 배워보도록 할까? 테이블은 기업이 정보를 효율적이면서 효과적으로 보관하기 위해 만들어 놓은 공간이라고 생각하면 돼. 마치 엑셀의 스프레드시트(Spreadsheet) 같은 거지. 즉, 각각 다른 정보가 들어 있는 엑셀의 sheet1, sheet2, sheet3이 앞에서 언급했던 하나의 테이블이 되는 거야. 무수히 많은 sheet1, sheet2, sheet3, sheet4, sheet5 등이 모여서 소위 DB라고 불리는 데이터베이스(Database)를 만들게 되지. SQL은 Structured Query Language로, 데이터베이스에 접근할 수 있는 데이터베이스 하부 언어를 지칭해. 즉, SQL은 여러 개의 테이블에서 원하는 정보를 읽고 쓰기 위해 사용하는 언어야."

SQL을 아주 쉽게 가르쳐줄테니 너무 걱정하지마.

데이터베이스란?

데이터베이스란 데이터가 유기적으로 결합하여 저장된 집합체를 의미한다.
데이터베이스의 전반적인 개념에 대해 배워보자.

■ 데이터베이스(Database)의 정의

데이터베이스란 여러 사람에게 공유되어 사용될 목적을 가지고, 구조적인 방식
으로 관리되는 데이터의 집합을 이야기한다. 즉, 서로 연관된 정보의 중복을 최
소화하여 한곳에 저장함으로써 다수의 사용자가 필요한 정보에 효율적으로 접
근할 수 있게 한 정보의 집합체인 것이다. 쉽게 말해서 데이터베이스는 정리가
잘 된 캐비닛과 비슷하다. 정리가 잘 되었다는 것은 캐비닛 안에서 물건을 쉽게
찾을 수 있음을 의미하고, 그 말은 같은 분류의 물건끼리 구분이 잘 되어 있다
는 뜻이다. 캐비닛 안에 국어, 영어, 수학에 관련된 책이 각각 5권씩 있고, 그것
을 정리해야 한다고 생각해보자. 국어는 국어와 관련된 책끼리, 영어와 수학도
각각 관련된 책끼리 한쪽에 정리해두면 본인뿐만 아니라 다른 사람도 쉽게 찾을
수 있다. 만약 체계가 없이 뒤죽박죽 정리했다면 정리한 당사자는 원하는 책을
쉽게 찾을 수 있겠지만 다른 사람들은 그렇지 못할 것이다. 이런 의미에서 데이
터베이스는 정리가 잘 된 캐비닛과 같다는 것이다.

데이터베이스의 체계적인 관리는 데이터베이스 관리 시스템(DBMS: Database
Management System)을 통해 이루어진다. DBMS는 데이터를 정리하고 보관하
기 위한 용도로 사용된다. 이를 위해 데이터 추가, 변경, 삭제, 검색 등의 기능을
수행한다. 대표적인 DBMS는 Oracle, MySQL, MsSQL, Teradata, SyBase 등이고
한국에서 가장 널리 배포되어 있는 DBMS는 Oracle이다.

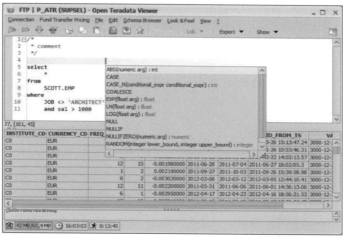

▲ Teradata DBMS

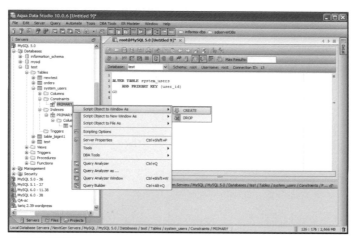

▲ MySQL DBMS

❶ 데이터베이스라는 용어가 처음 사용된 것은 1963년 6월 미국 SDC(System Development Corporation)가 산타모니카에서 개최한 심포지엄에서였다. 당시 데이터베이스라는 개념은 단순히 자기 테이프 같은 보조기억장치에 저장된 자료 파일의 의미였다. 현대적 의미의 데이터베이스 개념(여러 사람에게 공유되어 사용될 목적으로 구조적인 방식으로 관리되는 데이터의 집합)을 확립한 사람은 제너럴일 렉트릭사에 있던 C.바크만이라고 한다.

■ 데이터베이스 관리 시스템(DBMS)의 특성

데이터베이스 관리 시스템(DBMS)은 실시간 접근성, 계속적인 변화, 동시 공용, 내용에 의한 참조 등의 특성을 지니고 있다. 하나씩 살펴보기로 하자.

① **실시간 접근성(Real-time-processing)** : 컴퓨터가 접근할 수 있는 저장 장치에서 관리되는 데이터베이스는 지속적이고 비정형적인 질의에 대하여 실시간 처리가 가능해야 한다.

② **계속적인 변화(Continuous evolution)** : 데이터베이스의 상태는 동적이다. 기존의 데이터베이스가 존재한다면 그 데이터베이스에 새로운 데이터 삽입(Insert), 기존의 데이터 삭제(Delete), 갱신(Update) 등의 변화를 주어 정확한 데이터를 유지해야 한다.

③ **동시 공용(Concurrent sharing)** : 데이터베이스는 다수의 사용자가 동시에 각자 원하는 데이터에 접근하여 이용할 수 있어야 한다.

④ **내용에 의한 참조(Contents reference)** : 데이터베이스 환경에서 데이터의 참조는 레코드의 주소나 위치에 의해서가 아니라 사용자가 요구하는 데이터의 내용, 즉 데이터가 가지고 있는 값에 따라 참조된다.

■ SQL 사용을 위해 필요한 데이터베이스 용어

① 테이블 : 테이블은 구조화된 엑셀 스프레드시트(Spreadsheet)와 같다. 엑셀을 실행하면 기본값(Default)으로 Sheet1, Sheet2, Sheet3이라는 세 개의 스프레드시트가 나온다. Sheet1에는 고객 ID, 고객이름, 고객등록일, 휴대폰번호 등이 속한 고객 원장 스프레드시트를 만들 수 있고, Sheet2

	A	B	C	D
1	고객ID	이름	고객등록일	휴대폰번호
2	235	이상협	2013-12-01	010-8888-8888
3	456	전재하	2012-05-28	010-1111-1111
4	566	강주혁	2013-03-31	010-3333-3333
5				

customer · transaction

▲ customer 테이블

	A	B	C	D
1	고객ID	노트북보유여부	휴대폰보유여부	보유상품 수
2	235	보유	보유	2
3	456	미보유	보유	1
4	566	미보유	미보유	0
5				

customer · transaction

▲ transaction 테이블

에는 고객ID, 고객의 보유상품, 보유상품 수 등을 나타내는 고객거래원장 스프레드시트를 만들 수 있다. 각각의 Sheet1, Sheet2를 테이블이라고 부른다. Sheet1은 임의로 'customer'라고 이름을 바꿀 수 있고, Sheet2는 'transaction'이라고 이름을 바꿀 수 있는데 이 'customer', 'transaction'을 테이블 이름이라고 부른다. 주의할 점은 테이블 이름이 고유해야 한다는 것이다. 동일한 두 개의 테이블 이름은 허락되지 않는다.

② **스키마(Schema)** : 테이블에 데이터가 저장되는 방식을 정의할 수 있다. 스키마는 데이터베이스에 존재하는 자료의 구조 및 내용과 자료들의 논리적, 물리적 특성에 대한 정보를 표현하는 데이터베이스의 논리적 구조를 지칭한다.

③ **열(Column)** : 열은 테이블을 구성하는 각각의 정보를 말한다. 그림의 customer 테이블을 예로 들면 '고객ID', '이름', '고객등록일', '휴대폰번호' 등이 열이고, 각각의 변수는 특정한 정보를 포함하고 있다. 데이터를 여러 가지 열로 나누는 일은 매우 중요하다. 고객 자택전화번호를 예로 들어보자. 자택번호는 2~3자리의 지역번호와 7~8자리의 특정한 전화번호로 구성되어 있다. 이를 한 개의 열에 모두 입력할 수도 있고, 세 개의 열에 나눠서 입력할 수도 있다. 첫 번째 방법은 '자택전화번호'라는 하나의 열 안에 '0237003333'이라고 표현하는 것이고, 두 번째 방법은 '지역번호', '전화번호앞자리', '전화번호뒷자리' 등 세 가지 열로 나눈 후 '지역번호' 열에 '02', '전화번호앞자리' 열에 '3700', '전화번호뒷자리' 열에 '3333'이라고 표현하는 것이다. 만약 지역에 따른 고객의 분포에 대한 자료를 추출하려고 한다면 두 번째 방식으로 입력된 데이터의 경우 별도의 작업 없이 쉽게 데이터를 추출할 수 있을 것이다. 반면 한 열에 모든 데이터가 입력되었다면 추가 작업이 필요할 것이다.

고객 ID	자택전화번호
232	0237003333

▲ 표현 1

고객 ID	지역번호	전화번호앞자리	전화번호뒷자리
232	02	3700	3333

▲ 표현 2

데이터베이스의 각 열에는 고유한 데이터 형식이 지정된다. 데이터 형식은 정수 데이터, 문자 데이터, 통화 데이터, 날짜 및 시간 데이터 등으로 지정할 수 있다. 데이터 형식을 지정한다는 것은 열에 저장할 수 있는 데이터의 종류를 특정한 형식으로 제한한다는 의미이다. 예를 들어 숫자형 데이터 형식으로 지정된 열은 문자형으로 입력할 수 없다. 이러한 데이터 형식은 데이터의 올바른 정렬 및 데이터베이스 공간의 효율적 사용에 중요한 역할을 한다.

④ 행(Row) : 테이블의 데이터는 행에 저장된다. customer 테이블의 행에는 각각의 고객정보가 포함되어 있다. 총 3명의 고객정보가 포함되어 있으므로 이 테이블의 행은 3개이다. 참고로 테이블의 행을 레코드라고 표현하기도 한다. 두 용어는 같은 의미로 사용된다.

⑤ 기본 키(Primary key) : 테이블에는 각 행을 고유하게 하는 열이 존재한다. 이를 기본 키(Primary key)라고 한다. 예를 들어 customer 테이블에서 각 행을 고유하게 하는 키(key)값은 고객ID이다. 기본 키는 테이블 생성 시 반드시 필요하다. 데이터베이스 제어 및 관리, 데이터베이스의 최적화 등을 위해 각 테이블에 기본 키를 설정해야 하는 것이다.

SQL이란?

SQL은 데이터베이스에서 데이터를 읽고 쓰기 위한 언어이다. SQL에 대한 개요를 알아보도록 한다.

■ SQL의 개요

SQL은 Structured Query Language의 약자로, 사용자와 데이터베이스 시스템 간의 의사소통을 위해 특별히 고안된 언어이다. SQL은 관계형 데이터베이스 모델의 규칙에 따라 정의되어 있기 때문에 관계형 데이터베이스 언어라고도 할 수 있다. SQL의 장점은 영어 문장과 유사하고 몇 개의 단어로 구성되어 있어 배우기 쉽다는 것이다. 왜냐하면 SQL은 데이터베이스에서 데이터를 읽거나 쓰고, 수정하기 위한 분명한 용도로 만들어졌기 때문이다. 또한 대부분의 DBMS가 SQL을 지원하므로 한 언어를 배워서 다양한 DBMS에서 활용할 수 있다. 마지막으로 다양한 데이터를 쉽게 요약할 수 있어 데이터 양이 폭발하는 현 시대에서 통찰력(Insight)을 얻을 수 있다.

현재 SQL 표준 산업화를 추진하는 두 가지 표준 기구는 ANSI(American National Standards Institute)와 ISO(International Standards Organization)이다. ANSI와 ISO에서 SQL에 대한 표준안을 발표하였지만 실제 상업용 DMBS를 제공하는 각 회사는 표준 SQL을 확장 및 변형한 자신들만의 SQL을 사용하고 있다. 대표적으로 PL/SQL(Oracle), SQL PL(Sybase IBM), Transact-SQL(Microsoft) 등이 있으나 변형이 있더라도 SQL의 핵심 골격에는 큰 차이가 없다.

■ SQL의 종류

SQL은 구조화된 질의 언어이다. 이는 데이터 정의어(DDL), 데이터 조작어(DML), 데이터 제어어(DCL) 등으로 구분된다. 각 언어의 개념과 함께 어떠한 언어들로 구성되어 있는지 살펴보기로 하자.

① 데이터 정의어 (DDL : Data Definition Language)

데이터베이스에 공간과 형식을 정의하면 데이터를 처리할 수 있는 골조가 갖춰진다. 데이터가 저장된 공간이 '테이블'이고, 이 테이블 형식이 '스키마'라고 생각하면 된다. 즉, DDL은 데이터와 그 구조를 정의하는 언어이다.

- CREATE : 데이터베이스 테이블 생성
- DROP : 데이터베이스 테이블 삭제
- ALTER : 기존 데이터베이스 테이블 재정의

② 데이터 조작어 (DML : Data Manipulation Language)

DDL로 데이터를 저장할 공간(테이블)과 형식(스키마)을 만들었다면 그 공간에 데이터를 저장, 수정, 삭제, 조회하는 언어도 필요할 것이다. 이는 데이터 조작어(DML)로 가능하다. 즉, DML은 데이터 검색과 수정 등의 처리를 위한 언어이다.

- INSERT : 테이블에 데이터 삽입/입력
- DELETE : 테이블의 데이터 삭제
- UPDATE : 기존 테이블 안의 데이터 수정
- SELECT : 테이블 내 데이터 검색

③ 데이터 제어어 (DCL : Data Control Language)

데이터베이스 사용자의 권한 제어를 위해 사용되는 언어이다.

- GRANT : 테이블에 권한 부여
- REVOKE : 부여한 권한 취소/회수

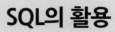

SQL의 활용

빅 데이터(Big data) 시대가 도래하면서 SQL의 중요성은 기존보다 더 강조되고 있다.

■ 빅 데이터의 세상

오늘날은 컴퓨터, 스마트폰, 태블릿 및 기타 개인 장치를 이용하여 수많은 사람들이 엄청난 양의 데이터를 창출하는 '데이터 홍수의 시대'라고 할 수 있다. 기업들 역시 고객, 공급업체 및 비즈니스와 관련하여 대규모의 정보를 수집하는 데 주력하고 있다. 빅 데이터(Big data)는 그 숫자만 봐도 방대한 규모이다. 빅 데이터 시대가 오면서 분석해야 할 대상이 많아지고, 자연스럽게 전통적 방식의 SQL 활용도 늘어나게 되었다. 참고로 위키백과사전에 따르면 빅 데이터는 기존 데이터베이스 관리 도구로, 데이터를 수집, 저장, 관리, 분석할 수 있는 역량을 넘어서는 대량의 정형 또는 비정형 데이터 집합 및 이러한 데이터로부터 가치를 추출하고 결과를 분석하는 기술을 뜻한다.

다음은 빅 데이터 시대의 도래를 수치적으로 나타내는 사례이다.

- IDC는 데이터 볼륨이 2015년까지 2년마다 2배씩 증가할 것이라고 전망했다.
- 페이스북에서 매달 300억 개의 콘텐츠가 공유되고 있다.
- 2011년 4월까지 미국 의회도서관이 수집한 데이터 양은 235테라바이트에 달한다.
- 유튜브 사용자는 매일 1분마다 48시간 분량의 새로운 동영상을 업로드하고 있다.

■ 빅 데이터 시대의 SQL 활용

앞서 언급했듯이 SQL은 거대한 데이터베이스로부터 자료를 읽고 쓰기 위해 사용하는 언어이다. 데이터베이스에 쌓이는 데이터의 양 자체가 많아지면서 이용해야 할 분야 또한 증가하고 있다. 유통, 금융, 제조업 등 많은 분야에서 SQL을 활용하여 비즈니스 통찰력을 증대시키기 위한 많은 작업들이 진행 중이다.

예시 ❶ 미국의 대형 편의점의 소비자 구매 데이터를 살펴본 결과 일회용 아기 기저귀를 사는 사람은 맥주도 같이 산다는 연관 규칙을 발견하였다. 이를 마케팅에 활용하여 맥주 옆에 기저귀를 진열하고, 기저귀를 할인 판매함으로써 맥주의 판매량을 늘리는 전략을 실행할 수 있었다.

예시 ❷ 모 카드사는 고객의 사용 패턴을 분석하여 고객별 맞춤 오퍼를 제공할 수 있었다. 예를 들어 A라는 고객은 외식하는 데 카드를 많이 사용하고 B라는 고객은 주유하는 데 카드를 많이 사용한다면 A에게는 외식 할인 쿠폰, B에게는 주유 할인 쿠폰을 발송하였다. 이를 통해 카드 활성화율(Activation rate)을 증대시킬 수 있었다.

예시 ❸ 최근 B 금융회사는 인터넷으로 상품을 가입하려는 사람들이 어디서 어떻게 이탈되는지에 대한 funnel 분석을 실시하였고, 이를 통해 중도 포기한 고객들의 특성을 세분화할 수 있었다. 또한 실시간 인터넷 로그 데이터를 통해 이탈 고객을 줄일 수 있었다.

> ➕ funnel 분석은 인터넷 화면을 단계적으로 분석한 것을 의미한다. 예를 들어 인터넷 쇼핑몰에 들어 온 고객은 구매하려는 상품을 장바구니에 담고 결제를 하게 된다. 이러한 고객의 구매 단계를 분석하여 구매 단계별 이탈률, 다음 단계로의 전환율 등을 알 수 있다. 이 총체적 분석을 funnel 분석이라고 한다.

예시 ❹ A 카드사는 도난이나 분실 카드의 경우 같은 시간대에 여러 번의 결제 행위가 일어난다는 사실을 발견하고 이와 같은 형태의 결제 시도가 있을 시 가맹점에 전화를 걸어 본인 여부를 확인하는 방법으로 도난 및 분실 카드로 인한 손실을 연간 30% 이상 줄일 수 있었다.

예시 ⑤ C 이동통신사는 이탈 고객의 성향을 분석하기 위해 6개월간 이탈 고객에 대한 데이터를 살펴보았다. 그 결과 주 이탈 고객은 20대 초반이면서 의무사용 기간이 3개월 이내인 신규 가입자라는 특성을 발견했다. 반면에 30대 후반이면서 가입 후 1년 이상 된 이용자의 경우는 이탈률(Attrition rate)이 극히 낮다는 사실도 발견할 수 있었다.

01

김 대리, 데이터베이스란 무엇일까?

이 차장님, 데이터베이스란 여러 사람에게 공유되어 사용될 목적으로 관리되는 데이터의 집합을 의미해요. 이 데이터베이스의 체계적인 관리는 DBMS(Database Management System)라고 불리는 데이터베이스 관리 시스템을 이용함으로써 가능하게 되지요.

02

김 대리, 테이블, 스키마, 열, 행에 대해 설명해보겠어?

테이블은 특정한 종류의 데이터를 구조적 목록으로 묶은 것입니다. 스키마는 테이블에 어떤 데이터를 어떤 형식으로 저장할 것인지 정의한 것이고, 열은 테이블을 구성하는 각각의 정보를 나타내요. 마지막으로 행은 레코드라고 부르기도 하며 데이터가 한 줄에 저장된 것을 말해요.

03

김 대리, SQL이란 무엇일까?

이 차장님, SQL은 구조화된 질의 언어로서 사용자와 데이터베이스 시스템 간의 의사소통을 위해 고안된 언어에요. 즉, SQL은 데이터베이스에서 데이터를 읽거나 쓰고, 수정하기 위한 용도로 사용되고 있으며 그 종류에는 데이터정의어(DDL), 데이터조작어(DML), 데이터제어어(DCL) 등이 있습니다.

Structured Query Language

02 DAY

SQL의 기초

 김 대리의 실습

SQL 문법은 영어 어순과 동일하고, 하나의 영어 문장을 만드는 것과 비슷하다. 'SELECT 열 이름 FROM 테이블명 ORDER BY 열 이름;'을 활용하여 데이터를 추출 및 정렬하는 방법에 대해서 알아볼 것이다.

인문학도 김 대리, SQL의 기초에 첫 발을 내딛다

이 차장과의 멘토링을 시작한 김 대리는 '과연 2주일 안에 이 모든 것을 끝낼 수 있을까?'하는 의구심이 들었지만 한편으로는 냉철하고 통찰력 있기로 소문난 이 차장의 도움을 받는다는 생각에 큰 힘을 얻었다. 이 차장이 말했다.

> 과연 2주일 안에 이 모든 것을 끝낼 수 있을까?

"김 대리는 심리학을 전공한 인문학도지? SQL 이라는 말만 들어도 어렵고 낯설게 느껴질 거야. 나 또한 그랬으니까. 경영학을 전공한 나도 처음에는 SQL이 너무 어렵게 느껴지더라고. 시중에 나와 있는 책은 너무 복잡해서 항상 첫 장의 SQL 역사만 보다가 책을 덮었었지. 그런데 남들이 만들어 놓은 코드를 보면서 가만히 연구해보니까 마치 영어 문법을 공부하는 느낌이 들더라고. 자, 이제 본격적으로 시작해볼까?"

딱딱하게 시작될 줄 알았던 SQL 멘토링이 생각보다 가볍게 시작되자 김 대리는 이 차장의 말에 조금씩 빨려 들기 시작했다.

"김 대리, SQL 문법의 시작과 끝은 'SELECT 열 이름 FROM 테이블명 WHERE 조건절'이야. 영어에서 SELECT는 '선택하라'라는 뜻이고, FROM은 '~로부터'라는 뜻이지. WHERE는 장소를 나타내는 관계부사로서 '그 곳에서'라고 해석하며 장소를 나타내는 테이블명 즉, 선행사를 꾸며주는 역할을 하지. WHERE 뒤에 나오는 조건절은 테이블에서 얻고자 하는 조건을 나타내는 거야. 아직 모호하지? 앞서 배웠던 것 처럼 테이블은 '기업이 정보를 효율적으로 보관하기 위해 만들어 놓은 공간'이라고 생각하면 돼. 그럼 이제 'SELECT 열 이름 FROM 테이블명 WHERE 조건절' 문법을 어떻게 사용하는지 구체적으로 알아보도록 하자.

먼저 'SELECT 열 이름 FROM 테이블명;'을 사용해서 데이터를 가져오는 방법에 대해 알아본 다음 ORDER BY절을 사용해서 가져온 데이터를 정렬하는 방법을 살펴볼 거야."

데이터 가져오기

'SELECT 열 이름 FROM 테이블명;'을 이용하여 데이터를 가져오는 방법을 배워보자.

■ 지정한 열 가져오기

01. 지정한 열이 한 개일 경우

$$\text{SELECT} \quad \underline{\text{열 이름}} \quad \text{FROM} \quad \underline{\text{테이블명}};$$

출력하고 싶은 열 이름   참조를 원하는 테이블

02. 지정한 열이 두 개 이상일 경우

$$\text{SELECT} \quad \underline{\text{열 이름1, 열 이름2, 열 이름3}} \quad \text{FROM} \quad \underline{\text{테이블명}};$$

출력하고 싶은 열 이름   참조를 원하는 테이블

> **이차장's tip**
> 콤마(,)를 사용하면 열 이름을 여러 개 나열할 수 있지.

SELECT 동 선택하다 • FROM 전 ~로부터

> **SQL 문장 풀이** '특정 테이블로부터 보고 싶은 특정 열들을 선택해서 출력하라'는 뜻이다.

SELECT문은 SQL에서 가장 많이 사용되는 문법으로, SQL의 시작과 끝이라고 해도 과언이 아니다. SELECT 키워드 뒤에는 출력하고 싶은 열 이름을 나열하고, FROM 키워드 뒤에는 참조하려는 테이블을 입력하면 특정 테이블에서 특정한 열 이름을 출력할 수 있다. 다음 예제를 통해 실습해보자.

● 직원정보 테이블: CLERK

사번	이름	부서명	성별(M : 남, F : 여)	생년월일	재직 구분(Y : 재직, N : 퇴직)
ID	STAFF_NM	DEP_NM	GENDER	BIRTH_DT	EMP_FLAG
135	이민성	마케팅부	M	1984-02-11	Y
142	김선명	영업지원부	M	1971-12-08	Y
121	신지원	리스크부	F	1978-05-28	Y
334	고현정	전략기획부	F	1965-01-12	Y
144	이기동	마케팅분석부	M	1981-03-03	Y
703	송지희	검사부	F	1985-05-14	Y
732	연승환	기업영업지원부	M	1990-01-26	Y
911	이명준	여의도지점	M	1988-06-11	N

➕ CLERK 테이블의 기본 키(PRIMARY KEY)는 ID이다.

01. CLERK 테이블에서 사번을 출력해보자(한 개의 열 출력해보기).

힌트 ▶ 한 개의 열을 출력할 때는 SELECT 키워드 뒤에 출력하려는 열 하나만 적으면 된다.
FROM 키워드 뒤에는 참조하려는 테이블명을 적는다.

실행결과 ▼

ID
135
142
121
334
144
703
732
911

정답 ▶ SELECT ID FROM CLERK;

02. CLERK 테이블에서 사번, 이름을 출력해보자(두 개의 열 출력해보기).

힌트 ▶ 두 개 이상의 열을 출력할 때는 콤마(,)를 사용해서 나열하도록 한다.

실행결과 ▼

ID	STAFF_NM
135	이민성
142	김선명
121	신지원
334	고현정
144	이기동
703	송지희
732	연승환
911	이명준

정답 ▶ SELECT ID, STAFF_NM FROM CLERK;

03. CLERK 테이블에서 사번, 이름, 생년월일을 출력해보자(세 개 이상의 열 출력해보기).

힌트 ▶ SELECT 키워드 뒤에 출력하려는 열 이름을 적는다. 단, 마지막 열 이름 뒤에는 콤마(,)를 넣지 않는다. 즉, 정답 작성 시 BIRTH_DT 뒤에 콤마(,)를 넣지 않도록 주의해야 한다.

실행결과 ▼

ID	STAFF_NM	BIRTH_DT
135	이민성	1984-02-11
142	김선명	1971-12-08
121	신지원	1978-05-28
334	고현정	1965-01-12
144	이기동	1981-03-03
703	송지희	1985-05-14
732	연승환	1990-01-26
911	이명준	1988-06-11

정답 ▶ SELECT ID, STAFF_NM, BIRTH_DT FROM CLERK;

- **SQL은 소문자와 대문자를 구분하지 않는다.** 즉, SELECT를 select라고 입력해도 그 결과값은 차이가 없다. 하지만 복잡한 SQL 문장을 작성할 때 보기 쉽게 표현하기 위해 SELECT 같은 키워드는 대문자로 입력하고 열 이름 혹은 테이블은 소문자로 입력하기도 한다. 예를 들어 'SELECT id FROM clerk;'이라고 표현하면 가져올 테이블명 및 보고 싶은 열 이름을 쉽게 찾을 수 있다.

❗ 테이블에 데이터로 저장된 값들은 일반적으로 대문자와 소문자가 구분된다.

```
SELECT ID FROM CLERK; (모두 대문자로 표현)
=select id from clerk; (모두 소문자로 표현)
=SELECT id FROM clerk; (키워드는 대문자, 테이블명과 열의 이름은 소문자)
```

- **SQL은 공백을 무시한다.** SQL 문장은 한 줄로 길게 작성할 수도 있고 여러 줄로 나눠서 작성할 수도 있는데 두 결과값에는 차이가 없다. 복잡한 SQL 문장을 작성할 경우에는 여러 줄로 나눠서 쿼리문을 작성한다. 다음의 두 가지 표기 모두 동일한 결과를 출력하는 SQL 문장이지만 첫 번째 방법으로 표현하면 정신없을 뿐만 아니라 다른 사람이 보았을 때 내용을 쉽게 인지하지 못한다는 단점이 있다. 두 번째 방법으로 표현하면 한눈에 SQL 문장의 구조를 파악할 수 있다. 대부분의 숙련된 SQL 사용자들은 여러 줄로 나눠서 문장을 작성한다.

【방법 ❶】 한 줄로 모두 표현하는 방법

```
SELECT TMP1.CUST_ID, TMP2.AUM, TMP3.USAGE, CASE WHEN(TMP2.
CUST_ID IS NOT NULL THEN 1 ELSE 0 END) AS DEP_FLAG, CASE
WHEN(TMP3.CUST_ID IS NOT NULL THEN 1 ELSE 0 END) AS CARD_
FLAG FROM CUST_LIST AS TMP1 LEFT JOIN DEPOSIT AS TMP2 ON
TMP1.CUST_ID = TMP2.CUST_ID LEFT JOIN CARD AS TMP3 ON TMP1.
CUST_ID = TMP3.CUST_ID;
```

【방법 ❷】 여러 줄로 나눠서 표현하는 방법

```
SELECT TMP1.CUST_ID, TMP2.AUM, TMP3.USAGE,
```

```
        CASE WHEN(TMP2.CUST_ID IS NOT NULL THEN 1 ELSE 0 END)
        AS DEP_FLAG,
        CASE WHEN(TMP3.CUST_ID IS NOT NULL THEN 1 ELSE 0 END)
        AS CARD_FLAG
 FROM CUST_LIST AS TMP1
        LEFT JOIN DEPOSIT AS TMP2 ON TMP1.CUST_ID = TMP2.CUST_ID
        LEFT JOIN CARD AS TMP3 ON TMP1.CUST_ID = TMP3.CUST_ID
```

➕ SQL 문장을 쿼리문이라고도 부른다.

- **SQL의 키워드를 열 이름으로 바로 사용하면 에러가 발생한다.** SQL에는 문법상 특별한 의미를 가지며 미리 용법이 정해져 있는 단어가 몇 가지 있는데 이를 키워드라고 한다. 키워드는 SQL 언어의 일부로 사용하도록 예약된 단어이다. 대표적인 키워드가 SELECT, FROM 키워드이다. SQL의 키워드를 열 이름으로 바로 사용하면 에러가 발생한다. 물론 키워드를 열 이름으로 사용하는 것이 물리적으로 불가능한 것은 아니지만 키워드를 열 이름으로 지정하는 것은 좋은 방법이 아니다.

  ➕ SQL에서 사용하는 키워드는 226쪽의 인덱스를 참고한다.

- **SQL 문장은 세미콜론(;)을 사용하여 종결한다.** 국어에서 문장의 끝을 나타낼 때 마침표(.)를 사용하는 것처럼 SQL은 세미콜론(;)을 사용하여 문장의 종결을 나타낸다. 모든 DBMS에서 반드시 지켜야 할 사항은 아니지만 대다수 DBMS에서 세미콜론(;)을 사용하여 문장의 끝을 표현하기 때문에 사용하는 것을 추천한다.

■ 모든 열 가져오기

01. 모든 열 이름을 적기

SELECT 열 이름1, 열 이름2, 열 이름3, 열 이름4, 열 이름5, 열 이름6 FROM 테이블명;

출력하고 싶은 열 이름   참조를 원하는 테이블

02. 문자 *를 사용하기

SELECT * FROM 테이블명;

출력하고 싶은 열 이름   참조를 원하는 테이블

> 이차장's Tip
> SQL에서 문자 *는 모든 열을 뜻해. 결국 SELECT문 뒤에 문자 *를 표기하면 모든 열을 보겠다는 뜻이야.

특정 테이블의 모든 열을 가져와야 하는 경우가 있다. 이때 모든 열 이름을 하나하나 나열할 경우 열의 이름을 잘못 입력하거나 빼먹고 입력할 수 있다. 이를 방지하기 위해 문자 *를 사용하는 것이다. SQL 문장에서 *는 모든 열을 의미한다. 열 이름을 일일이 나열하는 대신 *를 표기하면 간단하게 테이블의 모든 내용을 검색할 수 있다.

01. CLERK 테이블에서 모든 열을 출력해보자(모든 열 출력해보기).

김대리 🙂 모든 열 이름 나열하기 vs 문자 * 사용하기 😎 이차장

힌트 ▶ 두 가지 방법 모두 CLERK 테이블 전체를 출력하게 된다.

실행결과 ▼

ID	STAFF_NM	DEP_NM	GENDER	BIRTH_DT	EMP_FLAG
135	이민성	마케팅부	M	1984-02-11	Y
142	김선명	영업지원부	M	1971-12-08	Y

121	신지원	리스크부	F	1978-05-28	Y
334	고현정	전략기획부	F	1965-01-12	Y
144	이기동	마케팅분석부	M	1981-03-03	Y
703	송지희	검사부	F	1985-05-14	Y
732	연승환	기업영업지원부	M	1990-01-26	Y
911	이명준	여의도지점	M	1988-06-11	N

【방법 ❶】 모든 열 이름 나열하기

정답 ▶ SELECT ID, STAFF_NM, DEP_NM, GENDER, BIRTH_DT,
        EMP_FLAG
  FROM CLERK;

【방법 ❷】 문자 *를 사용하기

정답 ▶ SELECT * FROM CLERK;

데이터 정렬하기

02

ORDER BY절을 사용하여 데이터를 정렬하는 방법을 배워보자.

■ 한 가지 열로 데이터 정렬하기

01. 'ORDER BY 열 이름' 사용하기

> 이차장's tip
>
> 만약 두 번째 열을 기준으로 정렬하고 싶다면 'ORDER BY 열 이름2'로 바꾸면 돼.

SELECT **열 이름1, 열 이름2** FROM **테이블명** ORDER BY **열 이름1;**
　　　　출력하고 싶은 열 이름　　　참조를 원하는 테이블　　　정렬하고 싶은 열

02. 'ORDER BY 열 위치' 사용하기

> 이차장's tip
>
> 만약 두 번째 열을 기준으로 정렬하고 싶다면, 'ORDER BY 2'로 바꾸면 돼.

SELECT **열 이름1, 열 이름2** FROM **테이블명** ORDER BY **열 위치;**
　　　　출력하고 싶은 열 이름　　　참조를 원하는 테이블　　　정렬하고 싶은 열 위치

SELECT 图 선택하다 • FROM 전 ~로부터 • ORDER 명 순서, 정렬 • BY 전 ~에 의한

SQL 문장 풀이 '특정 테이블로부터 특정 열에 의해 정렬된 열(들)을 선택해서 나열하라'는 뜻이다.

앞에서 'SELECT 열 이름 FROM 테이블명;'의 문장을 통해 테이블에 있는 데이터를 가져오는 연습을 했다. 이때 가져온 데이터는 테이블에 있는 순서대로 무작위 정렬된다. 데이터는 테이블에 추가하거나 삭제할 수 있고 업데이트할 수도 있다. 이때 DBMS의 저장 공간 활용 방식에 따라 테이블의 순서가 변경된다. 특정 테이블에서 특정 열을 기준으로 오름차순 정렬할 때는 ORDER BY절을 이용해서 'SELECT 열 이름 FROM 테이블명 ORDER BY 열 이름;' 혹은 'SELECT 열 이름 FROM 테이블명 ORDER BY 정렬하고 싶은 열 위치;'를 입력한다.

01. CLERK 테이블에서 이름을 기준으로 오름차순 정렬하여 이름 및 부서명을 출력해
보자(한 가지 열을 기준으로 오름차순 정렬하기).

힌트 ▶ 열 이름을 사용하는 방법과 열 위치를 지정하는 두 가지 방법이 있다.

실행결과 ▼

STAFF_NM	DEP_NM
고현정	전략기획부
김선명	영업지원부
송지희	검사부
신지원	리스크부
연승환	기업영업지원부
이기동	마케팅분석부
이명준	여의도지점
이민성	마케팅부

【방법 ❶】 ORDER BY 뒤에 열 이름 사용하기

정답 ▶
```
SELECT STAFF_NM, DEP_NM
FROM CLERK
ORDER BY STAFF _NM;
```

【방법 ❷】 ORDER BY 뒤에 열 위치 사용하기

정답 ▶
```
SELECT STAFF_NM, DEP_NM FROM CLERK ORDER BY 1;
```

02. CLERK 테이블에서 부서명을 기준으로 오름차순 정렬하여 이름 및 부서명을 출력
해보자(한 가지 열을 기준으로 오름차순 정렬하기).

힌트 ▶ 열 이름을 사용하는 방법과 열 위치를 지정하는 두 가지 방법이 있다.

실행결과 ▼

STAFF_NM	DEP_NM
송지희	검사부
연승환	기업영업지원부
신지원	리스크부

이민성	마케팅부
이기동	마케팅분석부
이명준	여의도지점
김선명	영업지원부
고현정	전략기획부

【방법 ❶】 ORDER BY 뒤에 열 이름 사용하기

정답 ▶ SELECT STAFF_NM, DEP_NM FROM CLERK ORDER BY DEP_NM;

【방법 ❷】 ORDER BY 뒤에 열 위치 사용하기

정답 ▶ SELECT STAFF_NM, DEP_NM FROM CLERK ORDER BY 2;

■ 여러 가지 열로 데이터 정렬하기

01. 'ORDER BY 열 이름' 사용하기

SELECT **열 이름1, 열 이름2, 열 이름3** FROM **테이블명** ORDER BY **열 이름1, 열 이름2;**

출력하고 싶은 열 이름　　　참조를 원하는 테이블　　　(우선순위로)정렬하고 싶은 열들

이차장's tip

'ORDER BY 열 이름1, 열 이름2'는 데이터 정렬의 우선순위가 첫 번째 열에 있고, 그 다음이 두 번째 열이라는 의미이지. 만약 데이터 정렬의 우선순위가 열 이름2, 열 이름 1이라고 한다면 'ORDER BY 열 이름2, 열 이름1'로 수정하면 돼.

02. 'ORDER BY 열 위치' 사용하기

SELECT **열 이름1, 열 이름2, 열 이름3** FROM **테이블명** ORDER BY **1, 2;**

출력하고 싶은 열 이름　　　참조를 원하는 테이블　　(우선순위로)정렬하고 싶은 열들

이차장's tip

'ORDER BY 1, 2'는 데이터 정렬의 우선순위가 첫 번째 열에 있고, 그 다음이 두 번째 열이라는 의미이지. 만약 데이터 정렬의 우선순위가 열 이름2, 열 이름 1이라고 한다면 'ORDER BY 2, 1'로 수정하면 돼.

여러 열을 기준으로 데이터를 정렬하는 방법은 엑셀의 '사용자 지정 정렬' 기능과 비슷하다. '사용자 지정 정렬' 기능은 우선순위를 두어 두 개 이상의 열들에 대해 데이터 정렬을 가능하게 한다. ORDER BY절 뒤에 우선순위를 두고 싶은 열의 이름을 차례대로 나열하면 엑셀의 '사용자 지정 정렬'과 동일한 기능을 실행할 수 있다. 예를 들어 직원 이름을 순서대로 나열하고 부서명도 순서대로 나열하고 싶다면 'ORDER BY STAFF_NM, DEP_NM'을 추가로 기재한다. 반대로 부서 이름을 순서대로 나열한 후 이름도 순서대로 나열하려면 'ORDER BY DEP_NM, STAFF_NM'을 추가로 적는다.

01. CLERK2 테이블에서 부서명을 기준으로 오름차순 정렬한 후, 이름으로 오름차순 정렬하여 이름 및 부서명을 출력해보자(두 가지 열을 기준으로 오름차순 정렬하기).

김대리 ⊙ 열 이름 사용하기 vs 열 위치 사용하기 ⊙ 이차장

● 직원정보 테이블: CLERK2

사번	이름	부서명	성별(M : 남, F : 여)	생년월일	재직 구분(Y : 재직, N : 퇴직)
ID	STAFF_NM	DEP_NM	GENDER	BIRTH_DT	EMP_FLAG
135	이민성	마케팅부	M	1984-02-11	Y
142	김선명	영업지원부	M	1971-12-08	Y
121	신지원	리스크부	F	1978-05-28	Y
334	고현정	전략기획부	F	1965-01-12	Y
144	이기동	마케팅분석부	M	1981-03-03	Y
703	송지희	검사부	F	1985-05-14	Y
732	연승환	기업영업지원부	M	1990-01-26	Y
911	이명준	여의도지점	M	1988-06-11	N
955	김성철	마케팅분석부	M	1972-08-05	Y
978	이병헌	마케팅부	M	1974-02-09	Y

힌트 ▶ ORDER BY 뒤에 우선순위가 있는 열을 순서대로 적는다.

STAFF_NM	DEP_NM
송지희	검사부
연승환	기업영업지원부
신지원	리스크부
이민성	마케팅부
이병헌	마케팅부
김성철	마케팅분석부
이기동	마케팅분석부
이명준	여의도지점
김선명	영업지원부
고현정	전략기획부

【방법 ❶】 ORDER BY 뒤에 열 이름 사용하기

정답 ▶ SELECT STAFF_NM, DEP_NM
　　　FROM CLERK2
　　　ORDER BY DEP_NM, STAFF_NM;

【방법 ❷】 ORDER BY 뒤에 열 위치 사용하기

정답 ▶ SELECT STAFF_NM, DEP_NM FROM CLERK2 ORDER BY 2,1;

02. CLERK 테이블에서 재직 구분, 성별, 이름, 부서명을 기준으로 오름차순 정렬하고 재직구분, 성별, 이름, 부서명을 출력해보자(네 가지 열을 기준으로 오름차순 정렬하기).

힌트 ▶ ORDER BY 뒤에 우선순위가 있는 열을 순서대로 적는다.

실행결과 ▼

EMP_FLAG	GENDER	STAFF_NM	DEP_NM
N	M	이명준	여의도지점
Y	F	고현정	전략기획부
Y	F	송지희	검사부
Y	F	신지원	리스크부
Y	M	김선명	영업지원부
Y	M	연승환	기업영업지원부

| Y | M | 이기동 | 마케팅분석부 |
| Y | M | 이민성 | 마케팅부 |

【방법 ❶】 ORDER BY 뒤에 열 이름 사용하기

정답 ▸
```
SELECT EMP_FLAG, GENDER, STAFF_NM, DEP_NM
FROM CLERK
ORDER BY EMP_FLAG, GENDER, STAFF_NM, DEP_NM;
```

【방법 ❷】 ORDER BY 뒤에 열 위치 사용하기

정답 ▸
```
SELECT EMP_FLAG, GENDER, STAFF_NM, DEP_NM
FROM CLERK
ORDER BY 1, 2, 3, 4;
```

알아두면 유용한 지식~!

- ORDER BY절을 사용하는 방법은 두 가지가 있다. 하나는 **열 이름을 지정하는 방식**이고, 다른 하나는 **열 위치를 지정하는 방식**이다. 두 가지 방식에는 약간의 차이점이 존재한다. 열 이름을 지정하는 방식은 SELECT 목록에 선택되지 않은 열로 데이터를 정렬하는 것이 가능하다. 하지만 열 위치를 지정하는 방식은 SELECT 목록에 선택되지 않은 열로 데이터를 정렬할 수 없다.

➕ SQL문을 작성하는 사람에 따라 선호하는 방법이 다르기 때문에 본인이 편하고 실수를 줄일 수 있는 방식을 사용하는 것을 추천한다.

	장점	단점
열 이름을 지정하는 방식	• SELECT문 뒤에 선택되지 않은 열에 대해서도 정렬할 수 있다. • SELECT문 뒤에 출력되는 열 위치가 바뀌어도 ORDERY BY절 뒤에 열 위치를 변경할 필요 없다.	• 정렬하려는 열 이름이 길 경우 ORDER BY절 뒤에 열 이름을 잘못 입력할 수 있다.
열 위치를 지정하는 방식	• 열 이름을 직접 입력하지 않아도 되기 때문에 정렬하려는 열 이름을 잘못 입력하는 실수를 줄일 수 있다.	• SELECT문 뒤에 선택되지 않은 열에 대해서는 정렬할 수 없다. • SELECT문 뒤에 출력되는 열 위치가 바뀌면 ORDER BY절 뒤의 열 위치도 변경해야 한다.

■ 오름차순으로 데이터 정렬하기

01. ASC 사용해서 정렬하기

SELECT **열 이름1, 열 이름2** FROM **테이블명** ORDER BY **열 이름1** ASC, **열 이름2** ASC ;
　　　　　출력하고 싶은 열 이름　　참조를 원하는 테이블　　(우선순위순으로)오름차순 정렬하고 싶은 열들

> **이차장's tip**
> 'ORDER BY 열 이름1 ASC, 열 이름2 ASC'는 오름차순 데이터 정렬의 우선순위가 첫 번째 열에 있고, 그 다음이 두 번째 열이라는 의미이지. 만약 데이터 정렬의 우선순위가 열 이름2, 열 이름 1이라면 'ORDER BY 열 이름2 ASC, 열 이름1 ASC'로 수정하면 돼. 즉, 오름차순으로 정렬할 열 이름 뒤에 ASCENDING을 뜻하는 ASC을 적는 거야.

02. 정렬할 열 이름 혹은 열 위치만 적기

SELECT **열 이름1, 열 이름2** FROM **테이블명** ORDER BY **열 이름1, 열 이름2**;
　　　　　출력하고 싶은 열 이름　　참조를 원하는 테이블　　(우선순위순으로)오름차순 정렬하고 싶은 열들

SELECT **열 이름1, 열 이름2** FROM **테이블명** ORDER BY **1, 2**;
　　　　　출력하고 싶은 열 이름　　참조를 원하는 테이블　　(우선순위순으로)오름차순 정렬하고 싶은 열들

> **이차장's tip**
> SQL은 기본값으로 오름차순 정렬을 실행하기 때문에 ORDER BY 뒤에 나오는 지정된 열 이름 뒤에 아무것도 적지 않는다면 자동으로 오름차순 정렬을 시켜주지.

ASCENDING [형] 올라가는, 위로 향하는

데이터는 오름차순 혹은 내림차순으로 정렬할 수 있다. 먼저 오름차순으로 정렬하는 것을 살펴보도록 한다. 오름차순으로 정렬하는 방법은 열 이름 뒤에 Ascending을 뜻하는 ASC를 적는 방법과 아무것도 적지 않는 방법이 있다. 아무것도 적지 않아도 오름차순으로 정렬되는 이유는 SQL에서 기본값(Default)으로 오름차순 정렬을 실행하기 때문이다.

01. CLERK 테이블에서 생년월일을 기준으로 오름차순 정렬하여 생년월일, 이름, 부서
명을 출력해보자(오름차순 정렬하기).

힌트 ▶ ASC를 입력하는 방법과 열 이름만으로 정렬하는 두 가지 방법이 있다.

실행결과 ▼

BIRTH_DT	STAFF_NM	DEP_NM
1965-01-12	고현정	전략기획부
1971-12-08	김선명	영업지원부
1978-05-28	신지원	리스크부
1981-03-03	이기동	마케팅분석부
1984-02-11	이민성	마케팅부
1985-05-14	송지희	검사부
1988-06-11	이명준	여의도지점
1990-01-26	연승환	기업영업지원부

【방법 ❶】 정렬하려는 열 이름 뒤에 ASC 입력하기

정답 ▶ SELECT BIRTH_DT, STAFF_NM, DEP_NM
FROM CLERK
ORDER BY BIRTH_DT ASC;

【방법 ❷】 정렬하려는 열 위치 혹은 열 이름만 입력하기

정답 ▶ SELECT BIRTH_DT, STAFF_NM, DEP_NM
FROM CLERK
ORDER BY BIRTH_DT;

················· 또는 ·················

SELECT BIRTH_DT, STAFF_NM, DEP_NM
FROM CLERK
ORDER BY 1;

■ 내림차순으로 데이터 정렬하기

01. DESC 사용해서 정렬하기

SELECT 열 이름1, 열 이름2 FROM 테이블명 ORDER BY 열 이름1 DESC, 열 이름2 DESC;

출력하고 싶은 열 이름   참조를 원하는 테이블   (우선순위순으로)내림차순 정렬하고 싶은 열들

> **이차장's tip**
>
> 'ORDER BY 열 이름1 DESC, 열 이름2 DESC'는 내림차순 데이터 정렬의 우선순위가 첫 번째 열에 있고, 그 다음이 두 번째 열이라는 의미이지. 만약 데이터 정렬의 우선순위가 열 이름2, 열 이름 1이라면 'ORDER BY 열 이름2 DESC, 열 이름1 DESC'로 수정하면 돼. 즉, 내림차순으로 정렬할 열 이름 뒤에 DESCENDING을 뜻하는 DESC를 적는 거야.

DESCENDING [형] 아래로 향하는

데이터를 내림차순으로 정렬하고 싶다면 DESCENDING을 뜻하는 DESC를 열 이름 뒤에 입력하면 된다. 특정한 열은 오름차순으로 정렬하고 또 다른 열은 내림차순으로 정렬하려면 우선순위가 있는 열 이름을 순서대로 적고 해당 열 뒤에 정렬 방향을 지정하면 된다. CLERK 테이블을 예로 들어보자. 이름은 내림차순으로, 부서명은 오름차순으로 정렬하고 싶다면 'ORDER BY STAFF_NM DESC, DEP_NM' 혹은 'ORDER BY STAFF_NM DESC, DEP_NM ASC'라고 표기한다.

01. CLERK 테이블에서 생년월일을 기준으로 내림차순 정렬하여 생년월일, 이름 및 부서명을 출력해보자(내림차순 정렬하기).

힌트 ▶ DESC를 입력한다.

실행결과 ▼

BIRTH_DT	STAFF_NM	DEP_NM
1990-01-26	연승환	기업영업지원부
1988-06-11	이명준	여의도지점
1985-05-14	송지희	검사부

1984-02-11	이민성	마케팅부
1981-03-03	이기동	마케팅분석부
1978-05-28	신지원	리스크부
1971-12-08	김선명	영업지원부
1965-01-12	고현정	전략기획부

정답 ▶
```
SELECT BIRTH_DT, STAFF_NM, DEP_NM
    FROM CLERK
    ORDER BY BIRTH_DT DESC;
```

02. CLERK 테이블에서 재직 여부를 기준으로 내림차순 정렬한 후 성별을 기준으로 오름차순 정렬하여 재직 여부, 성별 및 이름을 출력해보자(내림차순과 오름차순 혼합하여 정렬하기).

힌트 ▶ 우선순위와 정렬 방향을 생각한다.

실행결과 ▼

EMP_FLAG	GENDER	STAFF_NM
Y	F	송지희
Y	F	신지원
Y	F	고현정
Y	M	연승환
Y	M	이민성
Y	M	이기동
Y	M	김선명
N	M	이명준

정답 ▶
```
SELECT EMP_FLAG, GENDER, STAFF_NM
    FROM CLERK
    ORDER BY EMP_FLAG DESC, GENDER;
```
·············· 또는 ··············
```
SELECT EMP_FLAG, GENDER, STAFF_NM
    FROM CLERK
    ORDER BY EMP_FLAG DESC, GENDER ASC;
```

김·대·리의 실습~!

● A백화점 고객별실적 테이블: PERF

고객아이디 CUST_ID	고객이름 CUST_NM	고객생년월일 CUST_BIRTH	방문횟수 VISIT_CNT	구입금액 SALES_AMT	구입상품 수 SALES_CNT
56456	모형건	1982-01-24	123	3,700,000	24
65412	이상훈	1984-05-10	23	467,200	14
23472	이상희	1978-02-27	117	2,237,065	23
27896	모영길	1982-05-11	37	123,721	2
35478	강주혁	1983-09-10	86	830,000	30
78693	이선우	1977-07-07	103	1,789,023	7

➕ PERF 테이블의 기본 키(PRIMARY KEY)는 CUST_ID이다.

01

 김 대리, 위의 테이블에는 A 백화점의 고객이름, 고객아이디, 고객생년월일, 작년도 방문횟수, 작년도 구입금액, 작년도 구입상품 수 등의 데이터가 저장되어 있어. 고객 생년월일을 기준으로 오름차순 정렬해서 고객아이디, 고객생년월일, 방문횟수를 출력해볼래?

결과 ▼

CUST_ID	CUST_BIRTH	VISIT_CNT
78693	1977-07-07	103
23472	1978-02-27	117
56456	1982-01-24	123
27896	1982-05-11	37
35478	1983-09-10	86
65412	1984-05-10	23

 이 차장님, 출력해야 할 변수들을 정리해보면 기본 키인 CUST_ID, 비교를 원하는 CUST_BIRTH와 VISTI_CNT인 것 같아요. 고객 연령을 오름차순으로 정렬하면 위와 같은 출력 결과가 나옵니다. 추가로 앞쪽의 정렬된 테이블을 분석해보면 전반적으로 연령이 높을수록 백화점 방문횟수가 많다는 것을 알 수 있어요.

정답 ▶ SELECT CUST_ID, CUST_BIRTH, VISIT_CNT
FROM PERF
ORDER BY CUST_BIRTH;

02

이 PERF 테이블에서 고객의 백화점 방문횟수별 구입금액의 분포를 보고 싶다면 어떻게 정렬해야 할까?

결과 ▼

CUST_ID	VISIT_CNT	SALES_AMT
56456	123	3,700,000
23472	117	2,237,065
78693	103	1,789,023
35478	86	830,000
27896	37	123,721
65412	23	467,200

이 차장님, 출력해야 할 변수들은 기본 키인 CUST_ID, 비교를 원하는 VISTI_CNT와 SALES_AMT입니다. 내림차순으로 정렬하면 다음과 같은 출력 결과가 나옵니다. 이 테이블을 분석해보면 방문횟수가 높을수록 구입금액 또한 높다는 것을 알 수 있어요. 이 결과값을 통해 최대한 백화점에 많이 방문하게 하는 마케팅 캠페인이 수익과 직결된다는 통찰력을 얻을 수 있습니다.

정답 ▶ SELECT CUST_ID, VISIT_CNT, SALES_AMT
FROM PERF
ORDER BY VISIT_CNT DESC;

SELECT문에
추가적으로 필요한
키워드

SQL의 시작과 끝은 'SELECT 열 이름 FROM 테이블명 WHERE 조건절;'이다. 지금까지는 'SELECT 열 이름 FROM 테이블명;'에 대해서 배워보았다. 이번 장에서는 추가적으로 SELECT 문에서 자주 사용하는 DISTINCT, ALIAS 키워드에 대해 알아볼 것이다.

인문학도 김 대리, SELECT문 마스터를 위해 추가 개념을 배우다

"김 대리, SQL의 시작과 끝은 'SELECT 열 이름 FROM 테이블명 WHERE 조건절'이라고 했던 것 기억하지? 앞 장에서는 'SELECT 열 이름 FROM 테이블명' 개념을 통해 테이블에서 데이터를 추출하는 방법을 배웠어. 이번 시간에는 추가로 데이터를 분석할 때 많이 사용하는 개념에 대해 알아볼텐데 먼저 DISTINCT 키워드를 살펴볼 거야. 한 열에 동일한 아이디가 여러 개 있을 때 중복을 제거하고 한 개만 보고 싶을 경우가 있을 거야. 이때 DISTINCT라는 키워드를 SELECT문 안에 입력하면 중복을 제외한 대표 아이디만 볼 수 있어. 자세한 내용은 실습을 통해 알아보도록 하자. 다음으로 SELECT문에서 선택한 변수들을 출력할 때 내가 선택한 이름에 별칭을 주고 싶다면 AS라는 키워드 혹은 인용부호(" ")를 사용하면 돼. 김 대리 여자 친구 있지? 휴대폰에 여자 친구 이름이 뭐라고 저장되어 있어?"

쑥스러워 하면서 김 대리가 대답했다.

"차장님, 오글거려도 참아주세요. 사실은 'SOUL MATE'라고 저장되어 있어요."

이 차장이 웃으면서 바로 말을 이어나갔다.

"허허. 김 대리는 여자 친구에게 'SOUL MATE'라는 애칭을 주었고 'SOUL MATE'와 여자 친구를 동일시하잖아. 이게 별칭 개념이야. 이번 시간에는 중복 제거하기와 별칭 주기, 이 두 가지 개념을 알아볼 거야. 배울 내용이 무엇인지 정확히는 모르겠지만 직관적으로 느낌은 오지?"

김 대리가 대답했다.

"네. 처음에는 SQL문이 복잡하고 어려운 언어인 줄 알았는데 말씀하신 대로 영어와 비슷한 것 같아요. 이번 시간에도 이 차장님만 믿고 열심히 배워보겠습니다. 차장님, 오늘 저녁에 치맥 어떠세요? 항상 친절히 도와주셔서 오늘 월급날이고 하니 제가 특별히 대접하려고 합니다. 시간 괜찮으시죠?"

흐뭇한 이 차장은 대답했다.

"좋아. 김 대리. 오늘 SELECT절 마무리 짓고 저녁에 치맥 한 잔 하자고! 그럼 오늘 진도 시작해볼까?"

SELECT문에서 많이 사용되는 키워드

01

SELECT문을 출력할 때 중복을 제거하고 별칭을 주는 방법에 대해 배워보자.

■ DISTINCT 키워드

01. DISTINCT 뒤에 지정한 열이 한 개일 경우

SELECT DISTINCT **열 이름** FROM **테이블명;**

　　　　　중복 없이 출력하고 싶은 열 이름　　　참조를 원하는 테이블

> **이차장's tip**
> 열 이름 앞에 DISTINCT 를 적으면 값의 중복 없이 출력되지.

02. DISTINCT 뒤에 지정한 열이 여러 개일 경우

SELECT DISTINCT **열 이름1, 열 이름2** FROM **테이블명;**

　　　　　중복 없이 출력하고 싶은 하나의 집합　　참조를 원하는 테이블

> **이차장's tip**
> 여러 개의 열 이름 앞에 DISTINCT를 적으면 하나의 집합으로 생각하여 이 집합의 중복을 제거하지.

DISTINCT 휑 뚜렷이 다른, 별개의

> **SQL 문장 풀이** '특정 테이블로부터 중복 없이 값을 출력하라'는 뜻이다.

통계학에는 범주형 변수(Categorical variables)라는 개념이 있다. 범주형 변수는 연속형 변수(Continuous variables)와 비교되는 변수로, 연속형 변수는 1.1, 1.2, 5, 12, 13 등 숫자로 나열되는 되는 반면 범주형 변수는 남자, 여자 혹은 학점을 나타내는 A, B, C, F처럼 하나의 범주로 묶여 있는 변수를 말한다. 열 값이 범주형 변수로 표현되어 있는 경우 어떤 값들이 해당 열에 입력되어 있는지 확인해야 할 경우가 많다. 이때 SELECT문 안에서 DISTINCT 키워드를 사용한다. 만약 DISTINCT 다음에 한 개의 열 이름이 있다면 해당하는 열의 중복값은 하나만 출력된다. DISTINCT 다음에 두 개 이상의 열 이름이 있다면 그 열들을 하나의 집합으로 인식하여 중복값을 제거한다. 다음 테이블을 통한 예제로 자세히 알아보자.

● 인사고과 테이블: EMP

사번	직급	이름	관리자	팀 이름	인사고과
ID	POSITION	PARTY_NM	MANAGER_ID	TEAM_NM	GRADE
650	대리	이재훈	1270	마케팅부	1
540	과장	장성수	3221	리스크부	2
210	차장	문보미	3914	인사팀	3
347	차장	정호천	3942	기획팀	3
970	부장	김영성	3221	리스크부	2
345	대리	오윤경	1270	마케팅부	2
711	과장	이재중	3914	인사팀	2

➕ EMP 테이블의 기본 키(PRIMARY KEY)는 ID이다.

01. EMP 테이블에 어떤 직급들이 포함되어 있는지 확인해보자(DISTINCT 뒤에 지정한 열이 한 개일 경우).

힌트 ▶ DISTINCT를 이용한다.

실행결과 ▼

POSITION
과장
대리
부장
차장

대리, 과장, 차장, 부장 총 4개의 직급으로 구성되어 있다.

정답 ▶ SELECT DISTINCT POSITION FROM EMP;

02. EMP 테이블에서 직급에 따라 어떤 인사고과를 받았는지 확인해보자(DISTINCT 뒤에 지정한 열이 여러 개일 경우).

힌트 ▶ DISTINCT 키워드 뒤에 두 개 이상의 열을 나열하면 하나의 레코드로 인식하여 중복된 값을 제거한다.

POSITION	GRADE
과장	2
대리	1
대리	2
부장	2
차장	3

정답 ▶ SELECT DISTINCT POSITION, GRADE FROM EMP;

만약 DISTINCT를 사용하지 않고 'SELECT POSITION, GRADE FROM EMP;'를 실행한다면 중복을 생각하지 않고 모두 나열하므로 결과값은 다음과 같다. DISTINCT를 사용하였을 때 는 차장이면서 GRADE가 3인 경우가 한 번만 출력되었지만 DISTINCT를 제거하면 중복되 는 두 개의 값이 모두 출력되는 것이다.

POSITION	GRADE
대리	1
과장	2
차장	3
차장	3
부장	2
대리	2
과장	2

알아두면 유용한 지식~!

• **DISTINCT 키워드의 반대는 ALL 키워드다.** DISTINCT 키워드가 중복되는 값을 제 거하는 반면 ALL 키워드는 중복을 고려하지 않고 모든 값을 출력한다. 만약 DISTINCT 키워드를 사용하지 않는다면 기본값은 ALL 키워드로 설정된다.

```
SELECT ALL POSITION FROM EMP;
= SELECT POSITION FROM EMP;
```

- DISTINCT 키워드는 집계 함수와 하부 쿼리에서 많이 사용된다. 집계 함수 중 COUNT라는 함수가 있다. 'COUNT(*)'는 NULL값을 포함한 모든 행(row)을 카운트하라는 의미이고, 'COUNT(DISTINCT POSITION)'는 중복을 허용하지 말고 몇 개의 직급이 있는지 카운트하라는 의미이다. 결과값은 다음과 같다. 구체적인 내용은 뒤에서 다루도록 한다.

➕ DBMS 중 Microsoft Access에서는 집계 함수 안에서 DISTINCT를 지원하지 않는다.

구분	실행 SQL문	결과값
DISTINCT 키워드 사용 X	SELECT COUNT(POSITION) FROM EMP;	COUNT(POSITION) ──────── 7
DISTINCT 키워드 사용 O	SELECT COUNT(DISTINCT POSITION) FROM EMP;	COUNT (DISTINCT POSITION) ──────── 4

- 범주형 변수란 측정된 척도가 여러 범주들의 집합으로 구성되어 있는 변수를 의미한다. 이는 명목형 변수(Nominal variables)와 순서형 변수(Ordinal variables)로 나뉜다. 이 둘은 순서의 유무에 대한 차이이다. 명목형 변수는 거주지를 아파트, 주택, 오피스텔, 기타 등으로 나누는 것처럼 순서가 없는 범주형 변수이고 순서형 변수는 의학 치료에 대한 반응을 우수, 양호, 보통, 나쁨 등으로 나누는 것처럼 범주들 간 순서 척도가 있는 변수를 가리킨다.

■ ALIAS(별칭)

문법

01. AS 사용하기

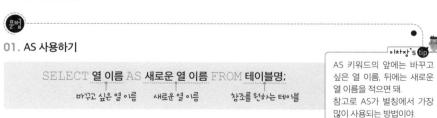

SELECT 열 이름 AS 새로운 열 이름 FROM 테이블명;

바꾸고 싶은 열 이름   새로운 열 이름   참조를 원하는 테이블

이차장's tip

AS 키워드의 앞에는 바꾸고 싶은 열 이름, 뒤에는 새로운 열 이름을 적으면 돼.
참고로 AS가 별칭에서 가장 많이 사용되는 방법이야.

02. 인용부호(" ") 사용하기

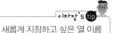

SELECT **열 이름** **"새로운 열 이름"** FROM **테이블명**;

　　　　바꾸고 싶은 열 이름　새로운 열 이름　　참조를 원하는 테이블

AS 젠 ~로서, ~처럼

> **SQL 문장 풀이** '특정 테이블로부터 새로운 열 이름으로 바꿔서 출력하라'는 뜻으로, AS는 과거의 열 이름을 새로운 이름으로 정의할 때 사용한다.

누구나 사랑하는 사람들과 애칭을 부르며 마음을 주고받은 적이 있을 것이다. 애칭은 상대방을 나타내는 제2의 이름과 같다. SQL문에서도 애칭을 사용할 수 있는 두 가지 방법이 있다. AS 키워드를 사용하는 방법과 인용부호(" ")를 사용하는 방법이다. 별칭을 사용할 열 이름 뒤에 AS 키워드를 적고 새로운 이름을 적거나 별칭을 주고 싶은 열 뒤에 인용부호(" ")를 사용하고 그 안에 새로운 이름을 적으면 된다. 두 키워드의 용법에 약간의 차이점이 존재한다. AS 키워드를 사용할 때는 별칭을 한 단어로 적어야 한다. 반면 인용부호(" ")를 사용할 경우 대소문자, 공백, 한글 등의 별칭을 허용한다. 필자의 경험상 별칭은 한 단어로 쓰는 것이 좋고 AS 키워드를 사용하는 것이 눈에 잘 띈다.

01. EMP 테이블에서 사번을 나타내는 ID를 CLERK_ID로, 인사고과를 나타내는 GRADE를 PERF로 바꿔 새롭게 이름을 부여해보자(별칭 만들기).

힌트 ▶ AS 혹은 인용부호(" ")를 이용하면 된다.

실행결과 ▼

CLERK_ID	POSITION	PARTY_NM	MANAGER_ID	TEAM_NM	PERF
650	대리	이재훈	1270	마케팅부	1
540	과장	장성수	3221	리스크부	2
210	차장	문보미	3914	인사팀	3
347	차장	정호천	3942	기획팀	3

970	부장	김영성	3221	리스크부	2
345	대리	오윤경	1270	마케팅부	2
711	과장	이재중	3914	인사팀	2

【방법 ❶】 AS 사용하기

정답 ▶ SELECT ID AS CLERK_ID, POSITION, PARTY_NM,
            MANAGER_ID, TEAM_NM, GRADE AS PERF
    FROM EMP;

【방법 ❷】 인용부호(" ") 사용하기

정답 ▶ SELECT ID "CLERK_ID", POSITION, PARTY_NM,
            MANAGER_ID, TEAM_NM, GRADE "PERF"
    FROM EMP;

【방법 ❸】 인용부호(" ") + AS 사용하기

정답 ▶ SELECT ID "CLERK_ID", POSITION, PARTY_NM,
            MANAGER_ID, TEAM_NM, GRADE AS PERF
    FROM EMP;

김·대·리의 실습~!

01

 김 대리, 인사고과 테이블 EMP에서 실제 인사고과를 주시는 분이 누구고, 몇 분인지 알아보기를 원한다면 어떻게 해야 할까? 인사고과를 주고 있는 사람 수를 CNT라는 별칭을 사용해서 구해볼래?

결과 ▼

❶ MANAGER_ID	❷ COUNT(DISTINCT MANAGER_ID)	❸ CNT
1270	4	4
3221		
3914		
3942		

 이 차장님, 총 4명의 매니저가 직원들을 평가함을 알 수 있었어요. 참고로 COUNT를 사용하여 별칭을 주는 경우와 안 주는 경우의 차이를 볼 수 있는 데 별칭을 주는 경우 저만의 함축된 열 이름으로 값을 표현해서 좋았어요. 제가 선호하는 열 이름을 넣으니 결과값이 쉽게 보이는 것 같아요.

❶ 인사고과를 주는 사람들 구하기

정답 ▶ SELECT DISTINCT MANAGER_ID FROM EMP;

❷ 인사고과를 몇 명이 주고 있는지 구하기

정답 ▶ SELECT COUNT(DISTINCT MANAGER_ID) FROM EMP;

❸ 별칭 사용해서 인사고과를 몇 명이 주고 있는지 구하기

[방법 ❶] AS 키워드 사용하기

정답 ▶ SELECT COUNT(DISTINCT MANAGER_ID) AS CNT
        FROM EMP;

[방법 ❷] 인용부호(" ") 사용하기

정답 ▶ SELECT COUNT(DISTINCT MANAGER_ID) "CNT"
        FROM EMP;

04
DAY

WHERE 조건절을 활용한
데이터 조건 주기

01 WHERE 조건절에 대해 알아보기
- 숫자 및 문자/날짜형 데이터 필터링
- 비교/산술연산자
- NULL값의 처리

 김 대리의 실습

지금까지는 'SELECT 열 이름 FROM 테이블명;'을 활용해서 데이터를 조건 없이 출력하는 방법에 대해서 배워보았다. 이번 장에서는 조건을 지정하여 테이블에서 자료를 추출하는 방법을 살펴볼 것이다.

인문학도 김 대리, WHERE 조건절을 이용한
데이터 추출을 배우다

"이 차장님, 어제 잘 들어가셨어요?"

이 차장이 대답했다.

"그럼. 간만에 치맥 먹어서 좋
았어. 김 대리가 특별히 쏜 음
식이어서 더 맛있었고! 그럼 오
늘 진도 시작해볼까? 김 대
리, SQL의 시작과 끝은 뭐라
고 했지?"

SQL의
시작과 끝은
뭐지?

'SELECT 열 이름
FROM 테이블명
WHERE 조건절;' 입니다!

김 대리가 당당하게 대답했다.

"'SELECT 열 이름 FROM 테이블명 WHERE 조건절;'이에요. 지난 시간까지
'SELECT 열 이름 FROM 테이블명;'을 배웠어요."

이 차장이 말을 이어 나갔다.

"맞았어. 내가 똑같은 내용을 너무 많이 물어봤지? 그만큼 중요하다는 의미야. SQL을 배
우다 보면 전체의 흐름을 잃는 경우가 생각보다 많이 있더라고. 오늘은 'WHERE 조건절'
에 대해서 알아볼 거야. WHERE 조건절 없이 데이터를 추출할 경우 원하는 데이터만 세
분화해서 추출할 수가 없는데 WHERE 조건절을 사용하면 원하는 데이터만 추출할 수 있
도록 조건을 지정할 수 있어. 김 대리, 엑셀의 '필터' 기능 알지? 원하는 데이터만 추출하
도록 필터를 걸잖아. SQL 문장에서는 그 기능을 WHERE 조건절이 담당하는 거야. 요약
하자면 지금까지는 특정 테이블에서 원하는 열만 원하는 방식으로 출력하는 것을 배웠
고 이번 시간부터는 특정 조건을 지정하여 세분화된 데이터를 추출하는 방법을 배울 거야.
WHERE 조건절을 어떻게 사용하느냐에 따라 SQL 처리 속도도 크게 달라지지. 먼저 숫
자형/문자형 데이터 필터링하기와 비교연산자, 산술연산자에 대해 알아볼 거야. 또 결

측지 처리(Missing value imputation) 방법, 즉 NULL값을 처리하는 방법에 대해서도 살펴볼 거야. 그럼 오늘도 한번 시작해볼까?"

Structured Query Language

WHERE 조건절에 대해 알아보기

WHERE 조건절을 통한 데이터 필터링에 대해 알아보자.

■ 숫자 및 문자/날짜형 데이터 필터링

01. 숫자형 데이터 조건 주기

SELECT 열 이름1, 열 이름2 FROM 테이블명 WHERE 비교할 열 이름=숫자;

출력하고 싶은 열   참조를 원하는 테이블   필터링하고 싶은 조건

> 이차장's tip
> 테이블명 다음에 WHERE를 적고 조건을 숫자로 기재하면 돼.

02. 문자/날짜형 데이터 조건 주기

SELECT 열 이름1, 열 이름2 FROM 테이블명 WHERE 비교할 열 이름='문자';

출력하고 싶은 열   참조를 원하는 테이블   필터링하고 싶은 조건

WHERE 图 장소를 나타내는 관계부사. 앞에 나온 선행사의 장소를 나타낼 때 사용한다.

> 이차장's tip
> 테이블명 다음에 WHERE를 적고 조건을 기재하는 것은 동일한데 작은따옴표(' ') 안에 문자로 기재한다는 차이가 있어.

> **SQL 문장 풀이** '특정한 테이블에서 특정한 조건을 만족하는 데이터를 추출하여 나타내라' 는 뜻이다. 데이터에 특정한 조건을 줄 때는 WHERE 조건절을 사용한다.

데이터베이스 테이블 안에는 방대한 정보가 들어 있다. 이 정보를 모두 읽어와서 데이터를 검색하면 많은 시간을 소비하게 될 뿐만 아니라 IT 자원을 낭비하게된다. 세부적인 데이터 추출을 위해서는 정교한 조건이 필수인데 그 시작점은 'WHERE 조건절'이다. 엑셀에서 원하는 데이터만 볼 수 있게 해주는 필터 기능을 SQL에서는 WHERE 조건절이 담당하는 것이다. WHERE 조건절에 숫자에 대한 조건을 줄 때는 작은따옴표(' ')를 사용하지 않고 숫자를 나타내면 되지만 문

자에 대한 조건을 줄 때는 작은따옴표(' ')를 사용해야 한다. 다음 보험원장 테이블(INS_INFO)을 살펴보자. 계약일 및 해지일은 날짜형으로 되어 있고 가입금액은 숫자형, 나머지는 모두 문자형으로 되어 있다. 가입금액이 50만원인 고객을 추출하기 위해서는 'SELECT * FROM INS_INFO WHERE CNRT_AMT=500,000;'을 실행하면 된다. 상품명이 '다이렉트자동차보험'인 것들만 추출하려면 작은따옴표(' ')를 사용하여 'SELECT * FROM INS_INFO WHERE PRDT_NM='다이렉트자동차보험';'을 실행하면 된다. 계약일이 2013년 5월 31일인 고객을 추출하려면 'SELECT * FROM INS_INFO WHERE CNRT_DT='20130531';'을 실행한다.

● 보험원장 테이블: INS_INFO

고객번호 (문자형)	계약번호 (문자형)	계약일 (날짜형)	계약 종류 (문자형)	상품명 (문자형)	해지일 (날짜형)	가입금액 (숫자형)
ID	CNRT_NO	CNRT_DT	CNRT_CD	PRDT_NM	CNCL_DT	CNRT_AMT
224	2533274	2013-07-01	1	다이렉트자동차보험	?	1,000,000
224	6111075	2012-08-07	2	5년만기저축보험	?	300,000
684	4447330	2014-06-12	1	다이렉트자동차보험	?	1,100,000
233	4932004	2011-11-23	1	자동차보험	?	1,200,000
762	9633703	2013-05-31	2	10년만기저축보험	2013-11-03	700,000
789	1378934	2013-01-12	2	3년만기저축보험	?	500,000
183	3701447	2010-05-05	1	다이렉트자동차보험	?	900,000
183	6678966	2011-12-08	2	10년만기 저축보험	?	10,000,000
831	8463112	2013-04-16	1	다이렉트자동차보험	2013-08-11	1,000,000

➕ INS_INFO 테이블의 기본 키(PRIMARY KEY)는 ID이다.

01. 가입금액이 1백만원 이상인 고객들의 고객번호, 계약번호, 가입금액을 추출해보자 (숫자형 데이터 필터링).

힌트 ▶ 이상을 나타내는 비교연산자는 '>='이다.

실행결과 ▼

ID	CNRT_NO	CNRT_AMT
224	2533274	1,000,000
684	4447330	1,100,000
233	4932004	1,200,000
183	6678966	10,000,000
831	8463112	1,000,000

가입금액이 1백만원 이상인 고객은 총 5명이다.

정답 ▶ SELECT ID, CNRT_NO, CNRT_AMT
　　　FROM INS_INFO
　　　WHERE CNRT_AMT >= 1000000;

02. 상품명이 '다이렉트자동차보험'인 고객들의 고객번호, 계약일, 상품명을 추출하고 고객번호는 오름차순으로 정렬해보자(문자형 데이터 필터링).

힌트 ▶ WHERE 조건절 뒤에 ORDER BY문을 사용한다.

실행결과 ▼

ID	CNRT_DT	PRDT_NM
183	2010-05-05	다이렉트자동차보험
224	2013-07-01	다이렉트자동차보험
684	2014-06-12	다이렉트자동차보험
831	2013-04-16	다이렉트자동차보험

정답 ▶ SELECT ID, CNRT_DT, PRDT_NM
　　　FROM INS_INFO
　　　WHERE PRDT_NM = '다이렉트자동차보험'
　　　ORDER BY ID;

03. 상품 계약일이 2013년 04월 16일 이후인 고객들의 고객번호, 계약일, 상품명을 추출하고 고객번호는 오름차순으로 정렬해보자(날짜형 데이터 필터링).

힌트 ▶ WHERE 조건절 뒤에 ORDER BY문을 사용한다.

ID	CNRT_DT	PRDT_NM
224	2013-07-01	다이렉트자동차보험
684	2014-06-12	다이렉트자동차보험
762	2013-05-31	10년만기저축보험
831	2013-04-16	다이렉트자동차보험

정답 ▶
```
SELECT ID, CNRT_DT, PRDT_NM
FROM INS_INFO
WHERE CNRT_DT >= '20130416'
ORDER BY 1;
```

알아두면 유용한 지식~!

ORDER BY절은 문장의 끝에 사용한다. ORDER BY절을 문장의 앞에서 사용하면 오류가 발생한다.

ORDER BY절을 이용할 때 문장의 순서

```
SELECT 열 이름
FROM 테이블명
WHERE 조건절
ORDER BY 열 이름;
```

■ 비교/산술연산자

01. 비교연산자

SELECT 열 이름 FROM 테이블명 WHERE 비교할 열 이름 비교연산자 비교할 대상;
　　　출력하고 싶은 열　　참조를 원하는 테이블　　필터링하고 싶은 열　　비교할 값 또는 열 이름

비교연산자	설명
A = B	A와 B가 같다.
A <> B	A와 B가 같지 않다.
A != B	A와 B가 같지 않다.
A ^= B	A와 B가 같지 않다.
A < B	A가 B보다 작다. = A가 B 미만이다.
A <= B	A가 B보다 작거나 같다. = A가 B 이하이다.
A > B	A가 B보다 크다. = A가 B 초과다.
A >= B	A가 B보다 크거나 같다. = A가 B 이상이다.
BETWEEN A AND B	지정된 두 값 사이에 있는지 확인하는 경우 사용한다.
IS NULL	NULL값을 가진 열을 검색하는 경우 사용한다.
IS NOT NULL	NULL값이 아닌 열을 검색하는 경우 사용한다.

BETWEEN A AND B영 A와 B 사이에 • NULL형 빈, 아무것도 없는

> 이차장's tip
> 비교연산자 뒤 비교할 대상은 값이 될 수도 있고 열 자체가 될 수도 있어.

02. 산술연산자 - SELECT문에서 사용되는 경우

SELECT **열 이름1, 열 이름2 산술연산자 열 이름3** AS **새로운 이름** FROM **테이블명;**

출력하고 싶은 열　산술연산자를 사용하여 표현하고 싶은 열　새로운 별칭　참조를 원하는 테이블

> 이차장's tip
> SELECT문에서 사용하는 산술연산자는 새로운 별칭을 주는 AS와 같이 사용되는 경우가 많아.

03. 산술연산자 - WHERE 조건절에서 사용되는 경우

SELECT **열 이름** FROM **테이블명** WHERE **(열 이름1 산술연산자 열 이름2) 비교연산자 비교할 대상;**

비교할 대상　출력하고 싶은 열　참조를 원하는 테이블　산술연산자를 사용하여 표현하고 싶은 열

산술연산자	설명
+	더하기
-	빼기
*	곱하기
/	나누기

> 이차장's tip
> 산술연산자에서 곱하기·나누기는 더하기·빼기보다 우선순위라는 걸 명심해야 해.

테이블 내의 데이터를 검색하거나 출력할 때 사용되는 비교연산자 및 산술연산자에 대해 살펴보자. 비교연산자 및 산술연산자의 종류는 왼쪽에 정리한 테이블을 참고한다. 산술연산자는 SELECT문과 WHERE 조건절에서 잘 사용된다. SELECT문에서는 AS 키워드를 사용하여 별칭을 붙여주는 경우가 많다. 산술연산자의 우선순위는 사칙연산의 우선순위와 동일하다. 즉, 곱하기·나누기 연산의 우선순위가 더하기·빼기보다 위라는 것을 명심해야 한다. 자세한 것은 다음 예제를 통해 배우도록 하자.

● 구매 테이블: PURCHASE_TRAN

| 고객번호 | 올해 구입금액 | 올해 구입건수 | 작년 구입금액 | 작년 구입건수 |
ID	PURCHASE_AMT	PURCHASE_CNT	LAST_AMT	LAST_CNT
145	2,000,000	12	1,231,000	21
455	1,273,100	1	2,237,230	22
463	111,463	3	214,047	1
324	154,769	3	7,474,663	13
568	25,784,652	47	1,000,047	3
662	106,868	1	277,763	1
871	9,694,470	123	798,874	2
460	65,650,000	1200	6,557,741	320
277	57,663,000	470	57,663,000	444
309	5,579,800	415	2,333,000	135

✚ PURCHASE_TRAN 테이블의 기본 키(PRIMARY KEY)는 ID이다.

01. PURCHASE_TRAN 테이블에서 올해 구입금액이 1백만원 이상인 고객의 고객번호와 올해 구입금액을 나타내보자(비교연산자).

힌트 ▶ '>='를 사용한다.

ID	PURCHASE_AMT
455	1,273,100
145	2,000,000
309	5,579,800
871	9,695,470
568	25,784,652
277	57,663,000
460	65,650,000

정답 ▶ SELECT ID, PURCHASE_AMT
　　　 FROM PURCHASE_TRAN
　　　 WHERE PURCHASE_AMT >= 1000000;

02. PURCHASE_TRAN 테이블에서 작년 구입금액이 1백만원 이상 5천만원 이하인 고객의 고객번호와 작년 구입금액을 나타내보자(비교연산자).

힌트 ▶ BETWEEN A AND B와 <= 또는 >= 연산자를 이용하는 방법이 있다.

실행결과 ▼

ID	LAST_AMT
568	1,000,047
145	1,231,000
455	2,237,230
309	2,333,000
460	6,557,741
324	7,474,663

【방법 ❶】

정답 ▶ SELECT ID, LAST_AMT
　　　 FROM PURCHASE_TRAN
　　　 WHERE 1000000 <= LAST_AMT <= 50000000;

【방법 ❷】

정답 ▶ SELECT ID, LAST_AMT

```
FROM  PURCHASE_TRAN
WHERE  LAST_AMT  BETWEEN  1000000  AND  50000000;
```

【방법 ❸】

정답 ▶
```
SELECT  ID,  LAST_AMT
FROM  PURCHASE_TRAN
WHERE  LAST_AMT  >=  1000000  AND  LAST_AMT  <=  50000000;
```

03. PURCHASE_TRAN 테이블에서 올해 구입건수가 작년도 구입건수보다 많은 고객들의 고객번호, 올해 구입건수, 작년도 구입건수를 나타내고 고객번호를 기준으로 오름차순 정렬해보자(비교연산자).

힌트 ▶ ORDER BY절은 문장의 가장 마지막에 사용한다.

실행결과 ▼

ID	PURCHASE_CNT	LAST_CNT
277	470	444
309	415	135
460	1200	320
463	3	1
568	47	3
871	123	2

정답 ▶
```
SELECT  ID,  PURCHASE_CNT,  LAST_CNT
FROM  PURCHASE_TRAN
WHERE  PURCHASE_CNT  >  LAST_CNT
ORDER  BY  ID;
```

04. 올해 판매가격의 순 매출마진(Net Sales Margin)이 10%라고 가정하자. PURCHASE_TRAN 테이블에서 순이익의 별칭을 INCOME_AMT라고 사용하여 올해 고객별 순이익을 구해보자(산술연산자).

힌트 ▶ 산술연산자 *를 사용한다. 순 매출마진은 '순이익/총 매출액'이다. 즉, 총 매출액 중에서 각종 비용을 제외한 순이익을 말한다.

ID	INCOME_AMT
463	11,146
662	10,687
871	969,547
568	2,578,465
145	200,000
455	127,310
309	557,980
460	6,565,000
324	15,477
277	5,766,300

정답 ▶ SELECT ID, PURCHASE_AMT*0.1 AS INCOME_AMT
　　　FROM PURCHASE_TRAN;

05. 올해 고객의 건당 구입금액을 구하고, 별칭은 TICKET_SIZE로 설정해보자(산술연산자).

힌트 ▶ 산술연산자 /를 사용한다.

실행결과 ▼

ID	TICKET_SIZE
463	37,154
662	106,868
871	78,825
568	548,610
145	166,667
455	1,273,100
309	13,445
460	54,708
324	51,590
277	122,687

정답 ▶ SELECT ID, PURCHASE_AMT/PURCHASE_CNT
　　　　　　AS TICKET_SIZE
　　　FROM PURCHASE_TRAN;

06. 보험원장 테이블(INS_INFO 테이블)에서 실제 살아있는 계약만 추출하여 고객번호,
계약번호 및 가입금액을 출력해보자(IS NULL).

힌트 ▶ 해지일이 없으면 현재 살아있는 계약으로 인식할 수 있다.

실행결과 ▼

ID	CNRT_NO	CNRT_AMT
224	2533274	1,000,000
224	6111075	300,000
684	4447330	1,100,000
233	4932004	1,200,000
789	1378934	500,000
183	3701447	900,000
183	6678966	10,000,000

정답 ▶
```
SELECT ID, CNRT_NO, CNRT_AMT
FROM INS_INFO
WHERE CNCL_DT IS NULL;
```

07. 보험원장 테이블(INS_INFO 테이블)에서 해지된 계약만 추출하여 고객번호, 계약번
호 및 가입금액을 출력해보자(IS NOT NULL).

힌트 ▶ 해지일이 있다면 해지된 계약으로 볼 수 있다.

실행결과 ▼

ID	CNRT_NO	CNRT_AMT
762	9633703	700,000
831	8463112	1,000,000

정답 ▶
```
SELECT ID, CNRT_NO, CNRT_AMT
FROM INS_INFO
WHERE CNCL_DT IS NOT NULL;
```

- 산술연산자의 곱하기·나누기는 더하기·빼기보다 우선순위가 높다. 같은 우선순위일 경우에는 좌측에서 우측순으로 연산이 진행된다. 괄호를 사용하면 우선순위가 최우선으로 바뀐다.

괄호가 없을 때

```
SELECT ID, PURCHASE_CNT, 3*PURCHASE_CNT-100 AS CAL_AMT1
FROM PURCHASE_TRAN;
```

실행결과 ▼

ID	PURCHASE_CNT	CAL_AMT1
463	3	-91
662	1	-97
871	123	269
568	47	41
145	12	-64
455	1	-97
309	415	1145
460	1200	3500
324	3	-91
277	470	1310

괄호가 있을 때

```
SELECT ID, PURCHASE_CNT, 3*(PURCHASE_CNT-100) AS CAL_AMT2
FROM PURCHASE_TRAN;
```

실행결과 ▼

ID	PURCHASE_CNT	CAL_AMT2
463	3	-291
662	1	-297
871	123	69
568	47	-159

145	12	-264
455	1	-297
309	415	945
460	1200	3300
324	3	-291
277	470	1110

- 비즈니스 세계에서 유용한 '티켓 사이즈(Ticket size)'라는 개념이 있다. 인당 구매금액, 인당 가입금액 등을 티켓 사이즈라고 부른다. 티켓 사이즈는 직관적으로 고객당 수익이나 가입금액이 얼마인지 알려주는 아주 유용한 개념이다. 앞쪽의 예제 5번은 실제 티켓 사이즈를 구하는 예제다. 고객번호 460은 올해 구입금액이 65,650,000원으로 가장 크지만 실제 티켓 사이즈는 54,708원으로, 건당 구입금액은 작지만 자주 방문하는 고객임을 알 수 있다.

- NULL값인 행을 찾을 때는 IS NULL, NULL값이 아닌 행을 찾을 때는 IS NOT NULL을 사용한다. 이때 NULL은 데이터가 존재하지 않는다는 것을 의미하며, SPACE 혹은 숫자 0과는 다른 개념이다. NULL을 사용할 때는 연산자 '='를 사용할 수 없다. 만약 연산자 '='를 사용하여 'SELECT ID, CNRT_NO, CNRT_AMT FROM INS_INFO WHERE CNCL_DT = NULL;'을 실행하면 에러가 발생한다.

- NULL값은 오름차순 혹은 내림차순으로 정렬 시 가장 큰 값으로 분류된다. 보험원장 테이블 INS_INFO에서 해약일을 기준으로 오름차순 정렬하면 NULL값이 가장 아래쪽에 위치하게 된다. 'SELECT ID, CNRT_NO, CNCL_DT, CNRT_AMT FROM INS_INFO ORDER BY 3;'을 실행하면 결과는 다음과 같다.

ID	CNRT_NO	CNCL_DT	CNRT_AMT
831	8463112	2013-08-11	1,000,000
762	9633703	2013-11-03	700,000
224	2533274	?	1,000,000
224	6111075	?	300,000
684	4447330	?	1,100,000
233	4932004	?	1,200,000

789	1378934	?	500,000
183	3701447	?	900,000
183	6678966	?	10,000,000

■ NULL값의 처리

01. COALESCE 함수의 문법

```
COALESCE(EXPRESSION 1,EXPRESSION 2,…,EXPRESSION N)
```

> 이차장's tip
>
> EXPRESSION 1이 NULL값이 아니면 EXPRESSION 1을 리턴하고, EXPRESSION 1이 NULL값이고 EXPRESSION 2가 NULL값이 아니면 EXPRESSION 2를 출력하게 돼.
> 참고로 COALESCE 함수는 NULL값을 0으로 치환할 때 많이 사용해.

예시

```
COALESCE('A' , 'B') → 'A'
COALESCE(NULL , 'B' , 'C') → 'B'
COALESCE(NULL , NULL , 'C') → 'C'
COALESCE(NULL , 'B' , NULL) → 'B'
```

COALESCE 통 합치다, 합체하다

NULL값과 0은 다른 의미이다. NULL값이 포함된 사칙연산을 할 때 결과값은 NULL값이다. 이를 해결하기 위해 결측치 처리(Missing value imputation)라는 작업을 해야 한다. NULL값을 다른 값으로 치환할 때는 COALESCE 함수가 많이 사용된다. COALESCE는 자동사로, '합치다' 혹은 '합체하다'의 뜻이다. 이 함수는 문법에서 정의된 열 중 NULL이 아닌 첫 번째 값을 화면에 출력하는 역할을 한다. 이 함수는 NULL값을 제외한 가장 왼쪽에 남는 값이라고 생각하면 이해하기 쉽다. COALESCE('A', 'B')인 경우 NULL값이 없으므로 'A'가 리턴될 것이고, COALESCE(NULL, 'B', 'C')인 경우 'B'가 리턴될 것이다.

- DBMS마다 지원 여부의 차이가 있지만 NULL값을 처리할 수 있는 함수는 다음과 같다.
  - ZEROIFNULL(열 이름): 해당 열에 NULL값이 포함되면 숫자 0으로 바꾸는 함수이다.
  - NVL2(열 이름, 표현식1, 표현식2): 해당 열이 NULL이면 '표현식 2'의 값을 나타내고, NULL이 아니면 '표현식 1'의 값을 나타낸다.
- **통계학에서는 NULL값을 결측치(Missing value)라고도 부른다.** 결측치는 자료의 처리 결과에 여러 영향을 미친다. 열이 숫자형으로 정의되어 있을 때 NULL값을 단순히 0으로 치환하는 것 외에 정규 분포를 이용한 평균값으로 치환하거나 분포 가정이 없는 중위값으로 치환할 수 있다.

● 2013년11월 카드결제 테이블: CARD_TRAN_201311

고객번호	이름	고객등급 (PB: 우량고객, MASS: 대중고객)	일시불 사용금액	할부 사용금액	해외 사용금액	현금서비스
CMF	PARTY_NM	SEG	PIF_AMT	INST_AMT	OVRS_AMT	CASH_AMT
2356	김아름	PB	1,234,041		1,301,710	
4570	이선우	MASS			524,560	
4563	홍지은	MASS	213,570			3,700,000
3266	윤일상	MASS	89,641			
8904	이동건	PB	1,278,960	500,000		
4678	최혜연	MASS	4,567,780			
1746	임하영	PB	7,836,100	3,213,400		
3120	김지철	PB				
8974	강성범	MASS	655,456			
3255	김지연	MASS	213			
8977	김지현	PB	1,300		54,000	100,000

➕ CARD_TRAN_201311 테이블의 기본 키(PRIMARY KEY)는 CMF이다.

CARD_TRAN_201311 테이블은 2013년 11월 고객별 신용카드 사용액을 나타낸 테이블이야. 각 고객의 2013년 11월 총 신용카드사용금액을 TOT_AMT라는 열 이름을 사용해서 계산하고, 총 사용금액을 기준으로 내림차순 정렬해볼래? 참고로 위의 테이블에서 일시불 사용금액, 할부 사용금액, 해외 사용금액, 현금서비스를 더한 금액이 총 신용카드사용금액이야.

결과 ▼

CMF	PARTY_NM	TOT_AMT
1748	임하영	11,049,500
4678	최혜연	4,567,780
4563	홍지은	3,913,570
2356	김아름	2,535,751

8904	이동건	1,778,960
8974	강성범	655,456
4570	이선우	524,560
8977	김지현	155,300
3268	윤일상	89,641
3255	김지연	213
3120	김지철	0

이 차장님, 결과값은 다음 테이블과 같아요. NULL은 숫자 0과는 다른 개념이기 때문에 NULL값을 포함한 사칙연산은 NULL값이 반환된다고 하셨잖아요. 결국 이 문제는 NULL값을 어떻게 처리하느냐가 중요한 것 같아요. NULL값은 COALESCE 함수를 사용해서 0으로 치환하여 계산했어요. 총 사용금액이 가장 큰 고객은 임하영 고객이고 총 사용금액은 11,049,500원이라는 것을 알 수 있어요.

정답 ▶
```
SELECT CMF, PARTY_NM,
       (COALESCE(PIF_AMT,0) + COALESCE(INST_AMT,
        0) + COALESCE(OVRS_AMT,0) + COALESCE(CASH_
        AMT,0)) AS TOT_AMT
FROM CARD_TRAN_201311
ORDER BY 3 DESC;
```

02

최근 회사에서 무이자할부 기능이 강화된 신용카드를 출시했어. 이 데이터를 가지고 어떻게 마케팅을 할 수 있을까?

결과 ▼

CMF	PARTY_NM	TOT_AMT
1748	임하영	3,213,400
8904	이동건	500,000

일단 할부를 사용하는 고객들을 먼저 추출해야 합니다. 한 번이라도 사용했던 고객이 무이자할부 기능의 장점을 쉽게 느낄 수 있겠죠. 결과에 따라 할부를 사용한 고객 2명에게 안내 TM을 하는 타깃 마케팅(Target marketing)이 효율적인 방법일 것 같아요.

정답 ▶
```
SELECT CMF, PARTY_NM, INST_AMT
    FROM CARD_TRAN_201311
    WHERE INST_AMT > 0;
```

(03)

2013년 11월 PB고객들을 대상으로 일시불 사용금액의 10%를 캐시백해주는 프로모션을 진행한다면 어떤 고객이 얼마의 캐시백을 받아야 하는지 계산해볼래?

결과 ▼

CMF	PARTY_NM	SEG	PIF_AMT	REWARD_AMT
1748	임하영	PB	7,836,100	783,610
2356	김아름	PB	1,234,041	123,404
8904	이동건	PB	1,278,960	127,896
8977	김지현	PB	1,300	130
3120	김지철	PB		

프로모션 대상인 PB고객은 총 5명입니다. 캐시백 금액은 REWARD_AMT 열에 계산했어요. 임하영 고객이 일시불 사용금액이 가장 많아서 그만큼 캐시백 금액도 많다는 것을 알 수 있어요.

정답 ▶
```
SELECT CMF, PARTY_NM, SEG,
        PIF_AMT, PIF_AMT*0.1 AS REWARD_AMT
    FROM CARD_TRAN_201311
    WHERE SEG = 'PB';
```

05 DAY

논리연산자를 활용한
데이터 조건 주기

논리연산자를 이용하여 WHERE 조건절에 두 개 이상의 조건을 주는 방법에 대해 알아볼 것이다.

인문학도 김 대리, WHERE 조건절에 두 개 이상의
조건을 주는 방법을 배우다

SELECT 열 이름 FROM 테이블 명
WHERE 조건 절1 OR 조건 절2
AND 조건 절3;

OR   AND

"김 대리, 지난 시간에는 'SELECT 열 이름 FROM 테이블명 WHERE 조건절'을 통해
특정 테이블에서 지정한 조건에 맞는 데이터를 추출하는 방법에 대해서 배웠어. 이번 시
간에는 WHERE 조건절에 두 가지 이상의 조건을 주는 방법을 알아볼 거야. 중학교 1학년
때 집합에 대해서 배웠던 것 기억해? 그때 교집합과 합집합이라는 개념에 대해서 배
웠지? 교집합은 공통인 부분을 나타내고, 합집합은 전체를 나타낸다고 배웠잖아. 교집합
은 'AND', 합집합은 'OR'로 표현할 수 있지. SQL에서도 마찬가지야. 동시에 모든 조건
을 충족해야 한다면 AND 연산자를 사용하고 여러 조건들 중 하나만 충족해도 자료를 추출
하고 싶다면 OR 연산자를 사용하면 돼. 또 OR 연산자가 여러 개인 경우 'IN'이라는 연
산자를 사용할 수도 있지. 각각의 개념에 대해서 좀 더 자세히 알아볼까?"

논리연산자 AND, OR 알아보기

AND, OR 연산자를 이용하여 두 개 이상의 조건을 주는 방법에 대해 배워보자.

■ AND 연산자

01. AND 연산자

SELECT **열 이름1, 열 이름2** FROM **테이블명** WHERE **조건절1** AND **조건절2;**

출력하고 싶은 열 이름   참조를 원하는 테이블   필터링하고 싶은 조건들

AND [접] 그리고

> 이차장's tip
>
> AND 연산자를 사용할 경우 두 가지 조건을 모두 만족하는 데이터만 출력하게 되지. 만약 조건을 추가하고 싶다면 계속해서 AND 연산자를 사용하면 돼.

> **SQL 문장 풀이** '특정 테이블로부터 특정한 조건들을 모두 만족하는 데이터를 추출하여 나타내라'는 뜻으로, 조건을 모두 만족해야 할 경우 WHERE 조건절 뒤에 AND 연산자를 사용한다.

두 개 이상의 조건을 주는 방법에 대해서 살펴보자. 중학교 1학년 수학 과목에서 가장 먼저 배우는 것은 집합이다. 집합에 대한 개념에서 교집합, 합집합, 여집합 등을 배우게 된다. SQL에서 교집합과 같이 특정한 조건 A와 B를 모두 만족해야 하는 경우에는 AND 연산자를 사용한다.

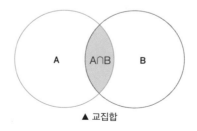

▲ 교집합

● 영업점정보 테이블: BRNCH_INFO

영업점 번호	영업점 이름	영업점 신설일	영업점 폐쇄일	영업점 인원	경영평가
BRNCH_NO	BRNCH_NM	OPEN_DT	CLOSE_DT	BRNCH_NUM	BRNCH_PERF
789	시청	1990-03-12		13	A
640	여의도	2005-08-07		8	B
368	대치	2005-08-01	2013-07-09	13	C
248	창동	2000-11-30		12	A
547	종각	1993-02-21		11	C
780	명동	1999-09-22		8	A
987	역삼	2008-08-30		7	B
456	대학로	2010-12-01		8	B
650	신촌	2002-05-17		10	C

➕ BRNCH_INFO 테이블의 기본 키(PRIMARY KEY)는 BRNCH_NO이다.

01. BRNCH_INFO 테이블을 사용하여 직원 수가 10명 이상이고 경영평가가 'C'인 영업점 번호, 영업점 이름, 영업점 인원, 경영평가를 나타내보자(조건이 두 개).

힌트 ▶ AND를 이용한다.

실행결과 ▼

BRNCH_NO	BRNCH_NM	BRNCH_NUM	BRNCH_PERF
368	대치	13	C
547	종각	11	C
650	신촌	10	C

정답 ▶ SELECT BRNCH_NO, BRNCH_NM, BRNCH_NUM, BRNCH_PERF
FROM BRNCH_INFO
WHERE BRNCH_NUM >= 10 AND BRNCH_PERF = 'C';

02. BRNCH_INFO 테이블을 사용하여 직원 수가 10명 이상이고 경영평가가 'C'이면서 영업점이 폐쇄된 영업점 번호, 영업점 이름, 영업점 인원, 경영평가를 나타내보자 (조건이 두 개 이상).

힌트 ▶ 폐쇄된 영업점을 찾을 때 IS NOT NULL 연산자를 사용한다.

실행결과 ▼

BRNCH_NO	BRNCH_NM	CLOSE_DT	BRNCH_NUM	BRNCH_PERF
368	대치	2013-07-09	13	C

정답 ▶ SELECT BRNCH_NO, BRNCH_NM, BRNCH_NUM, BRNCH_PERF
FROM BRNCH_INFO
WHERE BRNCH_NUM >= 10
    AND BRNCH_PERF = 'C'
    AND CLOSE_DT IS NOT NULL;

OR 연산자

01. OR 연산자

SELECT **열 이름1, 열 이름2** FROM **테이블명** WHERE **조건절1** OR **조건절2**;
출력하고 싶은 열 이름 　 참조를 원하는 테이블 　 필터링하고 싶은 조건들

OR **접** 또는

이차장's tip

OR 연산자를 사용할 경우 적어도 하나의 조건만 만족해도 출력하게 돼. 만약 조건을 추가하고 싶다면 계속해서 OR 연산자를 사용하면 돼.

SQL 문장 풀이 '특정 테이블로부터 적어도 하나의 특정한 조건을 만족하는 데이터를 추출하여 나타내라'는 뜻으로, 조건들 중 적어도 하나만 만족해도 될 경우 WHERE 조건절 뒤에 OR 연산자를 사용한다.

합집합을 나타내는 OR 연산자에 대해 알아보자. OR 연산자는 두 가지 이상의 조건들 중 적어도 한 가지만 만족해도 출력한다. OR 연산자는 IN 연산자와 밀접한 관계를 가지고 있는데 이것은 뒤에서 살펴보도록 한다.

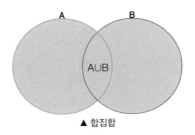

▲ 합집합

01. BRNCH_INFO 테이블을 사용하여 직원 수가 10명 이상이거나 경영평가가 'A'인 영업점 번호, 영업점 이름, 영업점 인원, 경영평가를 나타내보자(조건이 두 개).

힌트 ▶ OR 연산자를 이용한다.

실행결과 ▼

BRNCH_NO	BRNCH_NM	BRNCH_NUM	BRNCH_PERF
789	시청	13	A
368	대치	13	C
248	창동	12	A
547	종각	11	C
780	명동	8	A
650	신촌	10	C

정답 ▶ SELECT BRNCH_NO, BRNCH_NM, BRNCH_NUM, BRNCH_PERF
FROM BRNCH_INFO
WHERE BRNCH_NUM >= 10 OR BRNCH_PERF = 'A'

02. BRNCH_INFO 테이블을 사용하여 직원 수가 8명이거나 경영평가가 'A'이거나 영업점이 폐쇄된 영업점 번호, 영업점 이름, 영업점 인원, 경영평가를 나타내보자(조건이 두 개 이상).

힌트 ▶ 폐쇄된 영업점을 찾을 때 IS NOT NULL 연산자를 사용한다.

BRNCH_NO	BRNCH_NM	CLOSE_DT	BRNCH_NUM	BRNCH_PERF
789	시청		13	A
640	여의도		8	B
368	대치	2013-07-09	13	C
248	창동		12	A
780	명동		8	A
456	대학로		8	B

정답 ▶
```
SELECT BRNCH_NO, BRNCH_NM, BRNCH_NUM, BRNCH_PERF
  FROM BRNCH_INFO
 WHERE BRNCH_NUM >= 8
       OR BRNCH_PERF = 'A'
       OR CLOSE_DT IS NOT NULL;
```

알아두면 유용한 지식~!

- 우선순위는 OR 연산자보다 AND 연산자가 더 앞선다. AND 연산자보다 OR 연산자를 먼저 처리하고 싶다면 해당 연산을 괄호로 묶어주면 된다. 괄호를 사용하면 연산의 순서, 논리 등을 명확히 할 수 있기 때문에 AND 연산자와 OR 연산자를 동시에 사용해야 할 경우 괄호를 사용하는 것이 직관적이다.
  - 1순위: AND 연산자
  - 2순위: OR 연산자

【예시 ❶】 괄호를 사용하지 않았을 때 연산자의 우선순위

```
SELECT *
FROM BRNCH_INFO
WHERE OPEN_DT =< '19991231' OR BRNCH_NUM = 8 AND BRNCH_PERF =
    'A';
```

BRNCH_NO	BRNCH_NM	OPEN_DT	CLOSE_DT	BRNCH_NUM	BRNCH_PERF
789	시청	1990-03-12		13	A
780	명동	1999-09-22		8	A
547	종각	1993-02-21		11	C

【예시 ❷】 괄호를 사용했을 때 연산자의 우선순위

```
SELECT *
FROM BRNCH_INFO
WHERE (OPEN_DT =< '19991231' OR BRNCH_NUM = 8) AND BRNCH_PERF =
    'A';
```

BRNCH_NO	BRNCH_NM	OPEN_DT	CLOSE_DT	BRNCH_NUM	BRNCH_PERF
789	시청	1990-03-12		13	A
780	명동	1999-09-22		8	A

해설 ▶ 예시 ❶과 예시 ❷의 차이는 괄호의 사용 여부이다. 괄호가 없었던 예시 ❶ 에서는 영업점 인원이 8명이면서 경영평가가 A인 영업점을 우선 나타낸 후 추가적 으로 1990년대 설립된 영업점 수를 출력한다. 예시 ❷에서는 괄호 안에 있는 OR 연 산자를 우선적으로 처리한 후에 AND 연산자를 처리한다.

논리연산자 IN, NOT IN 알아보기

IN과 NOT IN 연산자를 통해 효율적으로 조건을 주는 방법을 배워보자.

■ IN 연산자

01. IN 연산자

> SELECT **열 이름** FROM **테이블명** WHERE **비교할 열 이름** IN **(조건1, 조건2);**
> 　　출력하고 싶은 열 이름　　참조를 원하는 테이블　　　　필터링하고 싶은 조건들

IN [전] ~안에

> 이차장's tip
>
> IN 연산자는 여러 번 사용하는 OR 연산자를 하나로 묶은 것이라고 생각하면 이해하기 쉬울 거야.

SQL 문장 풀이 '특정 테이블로부터 특정한 조건들 안에 속하는 모든 데이터를 추출하여 나타내라'는 뜻으로, OR 연산자가 여러 번 사용될 경우 IN 연산자를 사용할 수 있다.

IN 연산자는 여러 조건들 중 적어도 하나만 만족해도 출력한다. 즉, 여러 개의 OR 연산자를 하나로 묶은 것이라고 생각하면 된다. 만약 BRNCH_INFO 테이블에서 영업점 번호가 789, 640인 영업점 정보를 알고 싶다면 다음과 같이 두 가지 방법으로 추출할 수 있다.

첫 번째 방법은 SELECT * FROM BRNCH_INFO WHERE BRNCH_NO='789' OR BRNCH_NO='640'; 이고, 두 번째 방법은 SELECT * FROM BRNCH_INFO WHERE BRNCH_NO IN ('789', '640');이다. IN 연산자를 사용하면 첫 번째 방법보다 간결하게 문장을 마무리할 수 있다.

예제

01. BRNCH_INFO 테이블을 사용하여 직원 수가 10명 또는 8명이면서 경영평가가 'A' 또는 'B'인 영업점 번호, 영업점 이름, 영업점 인원, 경영평가를 나타내보자(IN 연산자 사용하기).

힌트 ▶ IN 연산자를 이용한다.

실행결과 ▼

BRNCH_NO	BRNCH_NM	BRNCH_NUM	BRNCH_PERF
640	여의도	8	B
780	명동	8	A
456	대학로	8	B

정답 ▶
```
SELECT BRNCH_NO, BRNCH_NM, BRNCH_NUM, BRNCH_PERF
FROM BRNCH_INFO
WHERE BRNCH_NUM IN (8,10)
      AND BRNCH_PERF IN ( 'A', 'B');
```

 알아두면 유용한 지식~!

• IN 연산자는 OR 연산자보다 처리 속도가 빠르다. 데이터가 방대할 때 좀 더 빠르게 실행할 수 있다.
• IN 연산자 안에 다른 SELECT 문장을 사용할 수 있다. 이는 뒤에서 하위 쿼리(SUB-QUERY)를 배울 때 자세히 언급하도록 하겠다.

■ **NOT IN 연산자**

문법

01. NOT IN 연산자

SELECT 열 이름 FROM 테이블명 WHERE 비교할 열 이름 NOT IN (조건1, 조건2);
　　　출력하고 싶은 열 이름　참조를 원하는 테이블　　　　　　　필터링하고 싶은 조건들

SQL 문장 풀이 '특정 테이블로부터 특정한 조건들 안에 속하지 않는 모든 데이터를 추출하여 나타내라'는 뜻으로, IN 연산자를 부정하는 계산을 할 때 사용한다.

NOT IN은 뒤에 있는 조건을 부정할 때 사용한다. 영업점 경영평가 점수가 A 또는 B가 아닌 모든 영업점을 나타내고 싶을 때 다음과 같이 문장을 만들 수 있다. 첫 번째는 SELECT * FROM BRNCH_INFO WHERE BRNCH PERF<>'A' AND BRNCH PERF^='B'; 이고, 두 번째는 SELECT * FROM BRNCH_INFO WHERE BRNCH PERF NOT IN ('A', 'B');이다. 두 번째 방법이 훨씬 쉽고 간결함을 알 수 있다.

01. BRNCH_INFO 테이블을 사용하여 폐쇄되었거나 2000년도 이전에 신설한 영업점 중 경영평가가 'A'가 아닌 영업점의 영업점 번호, 영업점 이름, 영업점 신설일, 영업점 폐쇄일, 경영평가를 나타내보자(NOT IN 연산자 사용하기).

힌트 ▶ NOT IN 연산자를 이용한다.

실행결과 ▼

BRNCH_NO	BRNCH_NM	OPEN_DT	CLOSE_DT	BRNCH_PERF
547	종각	1993-02-21		C
368	대치	2005-08-01	2013-07-09	C

정답 ▶
```
SELECT BRNCH_NO, BRNCH_NM, OPEN_DT, CLOSE_DT,
       BRNCH_PERF
  FROM BRNCH_INFO
 WHERE (CLOSE_DT IS NOT NULL OR OPEN_DT < '20000101')
       AND BRNCH_PERF NOT IN ('A');
```

● 2013년12월 카드실적 테이블: PERF_MAST_201312

고객번호	이름	고객등급 (PB: 우량고객, MASS: 대중고객)	한 달 전 카드사용금액	두 달 전 카드사용금액	세 달 전 카드사용금액
CMF	PARTY_NM	SEG	TOT_AMT_1	TOT_AMT_2	TOT_AMT_3
2356	김아름	PB	790	1,770	4,780
4570	이선우	MASS	90,700	5,789	87,986
4563	홍지은	MASS			
3268	윤일상	MASS	88,805	659,860	5,130
8904	이동건	PB	9,846,000	5,708,900	7,600,000
4678	최혜연	MASS		6,000	
1748	임하영	PB	1,000,400	788,000	2,378,696
3120	김지철	PB			
8974	강성범	MASS	540		7,700
3255	김지연	MASS	254,860	578,321	432,004
8977	김지현	PB	687,063	870,000	545,400

➕ PERF_MAST_201312 테이블의 기본 키(PRIMARY KEY)는 CMF이다.

김 대리, 소매 기반 사업을 하다보면 비활성화 고객(Inactive customer)을 예측하고 활성화 고객(Active customer)을 증대시키는 일은 매우 중요해. PERF_MAST_201312는 직전 3개월 동안의 카드사용금액을 알려주는 테이블이야. 비활성화 고객은 직전 3개월 연속 카드사용금액이 1만원 이하인 고객을 의미한다고 할 때, 이 테이블을 통해서 비활성화 고객을 찾아볼래?

결과 ▼

CMF	PARTY_NM	SEG	TOT_AMT_1	TOT_AMT_2	TOT_AMT_3
2356	김아름	PB	790	1,770	4,780
4563	홍지은	MASS			
4678	최혜연	MASS		6,000	
3120	김지철	PB			
8974	강성범	MASS	540		7,700

NULL값은 COALESCE 함수를 이용해서 0으로 치환하여 계산하였고 직전 세 달 동안 카드사용금액이 1만원 이하인 고객 데이터는 AND 연산자를 사용해 서 추출했어요. 총 5명의 고객이 비활성화 고객(Inactive customer)이에요.

정답 ▶ SELECT   *
FROM PERF_MAST_201312
WHERE COALESCE(TOT_AMT_1,0) <= 10000
      AND COALESCE(TOT_AMT_2,0) <= 10000
      AND COALESCE(TOT_AMT_3,0) <= 10000;

02

만약 PB 고객이면서 비활성화 고객에게 일정 금액 이상 사용하면 상품권을 지급하는 활성화 캠페인(Activation Campaign)을 진행하려고 한다면 어떤 고객이 그 대상이 될 수 있을까?

결과 ▼

CMF	PARTY_NM	SEG	TOT_AMT_1	TOT_AMT_2	TOT_AMT_3
2356	김아름	PB	790	1,770	4,780
3120	김지철	PB			

위에서 사용한 SQL 문장에서 세그먼트에 대한 조건을 추가하면 총 두 명 의 고객을 추출할 수 있어요. 활성화 캠페인을 통해 이 고객들의 이탈 (Attrition)을 막는 것이 중요할 것 같아요.

정답 ▶ SELECT   *
FROM PERF_MAST_201312
WHERE COALESCE(TOT_AMT_1,0) <= 10000
      AND COALESCE(TOT_AMT_2,0) <= 10000
      AND COALESCE(TOT_AMT_3,0) <= 10000
      AND SEG IN ('PB');

03

직전 3개월 동안 카드사용금액이 계속 줄어드는 고객 중 직전 3개월 총 사용금액이 7천원 이상인 고객은 비활성화될 가능성이 높으면서 활성화 캠페인에 대한 반응률(Response rate)도 높은 고객군이라고 하자. 어떤 고객이 그 대상이 될까?

결과 ▼

CMF	PARTY_NM	SEG	TOT_AMT_1	TOT_AMT_2	TOT_AMT_3
2356	김아름	PB	790	1,770	4,780

산술연산자를 사용하여 간단히 나타낼 수 있어요. 해당 고객의 카드사용 패턴을 좀 더 분석해봐야 어떤 오퍼가 매력적일지 알 수 있을 것 같아요.

정답 ▶

```sql
SELECT *
FROM PERF_MAST_201312
WHERE COALESCE(TOT_AMT_1,0) + COALESCE(TOT_
      AMT_2,0) + COALESCE(TOT_AMT_3,0) >= 7000
AND COALESCE(TOT_AMT_1,0) < COALESCE(TOT_
      AMT_2,0) < COALESCE(TOT_AMT_3,0);
```

텍스트 마이닝을 활용한 데이터 조건 주기

현대사회에서는 정형화된 숫자형, 범주형 변수뿐만 아니라 비정형 데이터에 대한 관심이 증대하고 있다. 이번 장에서는 비정형 문자형 데이터를 활용한 텍스트 마이닝(Text mining)에 대해 배워볼 것이다.

인문학도 김 대리, 비정형 데이터 추출을 배우다

아침 햇살이 따스하고 포근한 아침이었다. 출근길에 김 대리는 커피 전문점에 들러 아메리카노 두 잔을 사서 이 차장 책상 위에 한 잔을 올려 놓았다. 커피를 본 이 차장은 놀랐다.

"누가 나를 위해 이렇게 향기 좋은 커피를 샀을까? 혹시 김 대리?"

김 대리가 웃으며 대답했다.

"아침에 기분이 상쾌해서 이 차장님 것까지 같이 샀어요."

이에 이 차장이 흐뭇한 표정을 지으며 말을 이어나갔다.

"김 대리, 시작이 반이라고 하더니 어느덧 중반이네. 오늘은 텍스트를 활용한 데이터 추출을 배워볼 거야. 현대사회에는 너무나 많은 데이터가 존재하지. 인터넷 검색엔진에 내가 원하는 단어를 치면 연관 검색어가 보이기도 하고, 소셜네트워크서비스(SNS)를 통한 텍스트 검색으로 기업은 실시간 인지도를 파악할 수 있게 되었지. 먼저 텍스트를 통해 데이터를 검출하는 텍스트 마이닝(Text mining)과 필드를 하나로 결합하는 방법, 필드의 공백을 제거하는 방법을 알아볼 거야. 그럼 오늘 진도 나가볼까?"

텍스트 마이닝(Text mining)

텍스트를 활용한 데이터 추출 및 분석 방법에 대해서 배워보자.

■ LIKE 연산자를 활용한 필터링

01. 뒤에 나오는 문자들을 알 수 없는 경우

SELECT 열 이름 FROM 테이블명 WHERE 열 이름 LIKE '찾고 싶은 문자%';
　　　출력하고 싶은 열 이름　참조를 원하는 테이블　필터링하고 싶은 조건들

> %는 자주 사용하는 와일드카드로, 모든 문자를 의미한다고 생각하면 돼. 뒤에 무슨 말이 있는지 모르지만 앞의 단어를 확실히 알고 있을 때 필터링하는 방법이야.

02. 앞에 나오는 문자들을 알 수 없는 경우

SELECT 열 이름 FROM 테이블명 WHERE 열 이름 LIKE '%찾고 싶은 문자';
　　　출력하고 싶은 열 이름　참조를 원하는 테이블　필터링하고 싶은 조건들

> 앞에 무슨 말이 있는지 모르지만 뒤의 단어를 확실히 알고 있을 때 필터링하는 방법이야.

03. 앞뒤에 나오는 문자들을 알 수 없는 경우

SELECT 열 이름 FROM 테이블명 WHERE 열 이름 LIKE '%찾고 싶은 문자%';
　　　출력하고 싶은 열 이름　참조를 원하는 테이블　필터링하고 싶은 조건들

> 앞뒤에 무슨 단어가 있는지 모를 때 찾고 싶은 문자를 포함한 모든 자료를 필터링하는 방법이야.

04. 뒤에 나오는 문자를 알 수 없는 경우

SELECT 열 이름 FROM 테이블명 WHERE 열 이름 LIKE '찾고 싶은 문자_';
　　　출력하고 싶은 열 이름　참조를 원하는 테이블　필터링하고 싶은 조건들

> 찾고 싶은 단어의 마지막 글자가 생각나지 않는 경우 필터링할 수 있는 방법이야. 언더스코어(_)는 하나의 문자로 간주돼.

05. 앞에 나오는 문자를 알 수 없는 경우

SELECT 열 이름 FROM 테이블명 WHERE 열 이름 LIKE '_찾고 싶은 문자';

출력하고 싶은 열 이름 　 참조를 원하는 테이블 　 필터링하고 싶은 조건들

> 이차장's tip
> 찾고 싶은 단어의 앞 글자가 생각나지 않는 경우 필터링할 수 있는 방법이야.

06. 시작과 끝 문자만 아는 경우

SELECT 열 이름 FROM 테이블명 WHERE 열 이름 LIKE '첫 글자%마지막 글자';

출력하고 싶은 열 이름 　 참조를 원하는 테이블 　 필터링하고 싶은 조건들

> 이차장's tip
> 찾고 싶은 단어의 앞 글자와 마지막 글자만 아는 경우 필터링할 수 있는 방법이야.

07. 특정 단어를 원하지 않는 경우:

SELECT 열 이름 FROM 테이블명 WHERE 열 이름 NOT LIKE '%원하지 않는 문자%';

출력하고 싶은 열 이름 　 참조를 원하는 테이블 　 필터링하고 싶은 조건들

LIKE 〔전〕 ~와 같이, ~처럼

> 이차장's tip
> 원하지 않는 문자를 제외하고 필터링할 수 있는 방법이야.

와일드카드 요약

와일드카드 문자(Wildcard character)란 문자열에서 특정한 문자 또는 문자들을 대체하기 위해 사용하는 문자를 의미한다.

와일드카드	설명
%	숫자 0 또는 문자들을 대체하기 위해 사용됨
_	한 개의 단어를 대체하기 위해 사용됨

문자형 데이터로 입력되어 있는 테이블에서 데이터를 추출할 때는 LIKE 연산자를 사용하여 텍스트 마이닝(Text mining)을 해야 한다. 이를 위해서 먼저 와일드카드(Wildcard)에 대해 알아야 한다. 와일드카드란 문자열에서 특정한 문자 혹은 문자들을 대체하기 위해 사용하는 문자를 의미하며, LIKE 연산자와 많이 사용되는 와일드카드로는 '%'와 '_'가 있다. '%'는 숫자 0(Zero) 또는 문자들을 대체

하기 위해 사용되고, '_'는 한 개의 단어를 대체하기 위해 사용된다. 다음 예제를 통해서 구체적인 사용법을 배워보도록 하자.

● 고객정보 테이블: CUSTOMERS

고객아이디 ID	고객이름 NAME	도시 CITY	나라 COUNTRY
1	SUE	BERLIN	GERMANY
2	DAVID	BERN	SWITZERLAND
3	SAM	NANTES	FRANCE
4	KIM	RESENDE	BRAZIL
5	LEE	VERSAILLES	FRANCE
6	BERNEY	BERGAMO	ITALY
7	SANDY	BERLIN	GERMANY
8	YOUNG	SEOUL	KOREA

➕ CUSTOMERS 테이블의 기본 키(PRIMARY KEY)는 ID이다.

01. CUSTOMERS 테이블을 사용하여 BER로 시작하는 도시에 거주하는 고객들을 찾아보자(뒤에 나오는 문자들을 알 수 없는 경우).

힌트 ▶ %를 사용한다.

실행결과 ▼

ID	NAME	CITY	COUNTRY
1	SUE	BERLIN	GERMANY
2	DAVID	BERN	SWITZERLAND
6	BERNEY	BERGAMO	ITALY
7	SANDY	BERLIN	GERMANY

정답 ▶ SELECT * FROM CUSTOMERS WHERE CITY LIKE 'BER%';

02. CUSTOMERS 테이블을 사용하여 NY로 끝나는 나라에 거주하는 고객들을 찾아보자(앞에 나오는 문자들을 알 수 없는 경우).

힌트 ▶ %를 사용한다.

실행결과 ▼

ID	NAME	CITY	COUNTRY
1	SUE	BERLIN	GERMANY
7	SANDY	BERLIN	GERMANY

정답 ▶ SELECT * FROM CUSTOMERS WHERE COUNTRY LIKE '%NY';

03. CUSTOMERS 테이블을 사용하여 ES를 포함한 도시에 거주하는 고객들을 찾아보자(앞 뒤에 나오는 문자들을 알 수 없는 경우).

힌트 ▶ %를 두 번 사용한다.

실행결과 ▼

ID	NAME	CITY	COUNTRY
3	SAM	NANTES	FRANCE
4	KIM	RESENDE	BRAZIL
5	LEE	VERSAILLES	FRANCE

정답 ▶ SELECT * FROM CUSTOMERS WHERE CITY LIKE '%ES%';

04. CUSTOMERS 테이블을 사용하여 마지막 문자는 알 수 없지만 KORE를 포함한 나라에 거주하는 고객들을 찾아보자(뒤에 나오는 문자를 알 수 없는 경우).

힌트 ▶ _를 사용한다.

실행결과 ▼

ID	NAME	CITY	COUNTRY
8	YOUNG	SEOUL	KOREA

정답 ▶ SELECT * FROM CUSTOMERS WHERE COUNTRY LIKE 'KORE_';

05. CUSTOMERS 테이블을 사용하여 첫 번째 문자는 알 수 없지만 이름이 AM으로 끝
나는 고객들을 찾아보자(앞에 나오는 문자를 알 수 없는 경우).

힌트 ▶ _를 사용한다.

실행결과 ▼

ID	NAME	CITY	COUNTRY
3	SAM	NANTES	FRANCE

정답 ▶ SELECT * FROM CUSTOMERS WHERE NAME LIKE '_AM';

06. CUSTOMERS 테이블을 사용하여 도시 이름이 B로 시작해서 N으로 끝나는 곳에 거
주하는 고객들을 찾아보자(시작과 끝만 아는 경우).

힌트 ▶ %를 사용한다.

실행결과 ▼

ID	NAME	CITY	COUNTRY
1	SUE	BERLIN	GERMANY
2	DAVID	BERN	SWITZERLAND
7	SANDY	BERLIN	GERMANY

정답 ▶ SELECT * FROM CUSTOMERS WHERE CITY LIKE 'B%N';

■ 필드 결합하기

01. 여러 열을 하나로 결합하기

SELECT **열 이름1** || **열 이름2** FROM **테이블명;**
　　　　출력하고 싶은 열 이름　　　참조를 원하는 테이블

> 여러 열을 결합해서 하나의 열
> 에 표현하고 싶을 때 결합연산
> 자 '||' 를 사용하면 돼.

02. 문자 삽입하기

SELECT 열 이름1 || ' 삽입하고 싶은 문자열 ' || 열 이름2 FROM 테이블명;
출력하고 싶은 열 이름   참조를 원하는 테이블

이차장's tip
열과 열을 결합할 때 문구를 추가하고 싶
다면 작은따옴표를 사용하면 돼.

보고서를 만들 때 여러 개로 나눠진 필드를 하나로 묶어서 표현하는 경우가 많
다. 이때 SELECT문에 결합연산자 '||' 또는 '+'가 사용된다. (SELECT문에는 보고
싶은 열들을 적기 때문에 '||'를 사용하는 것은 직관적으로도 이해가 되는 부분이
다.) DBMS마다 지원되는 기호가 다르지만 보통 '||'를 많이 사용한다. 예를 들어
CUSTOMERS 테이블에는 도시와 나라가 나뉘어 있는데 이것을 한 개의 필드로
나타낼 수 있다. 자세한 것은 다음 예제를 살펴보도록 하자.

예제

01. CUSTOMERS 테이블을 사용하여 도시(나라)로 표현되도록 필드를 결합하고
ADDR이라는 별칭을 주자(필드 결합하기).

힌트 ▸ 결합연산자를 사용해야 하는 부분은 총 5개의 요소로 나눌 수 있다.
CITY 열에 저장된 값 (COUNTRY 열에 저장된 값) ADDR 별칭 주기
① ②괄호 ③ ④괄호 ⑤

실행결과 ▼

ID	NAME	CITY	COUNTRY	ADDR
1	SUE	BERLIN	GERMANY	BERLIN(GERMANY)
2	DAVID	BERN	SWITZERLAND	BERN(SWITZERLAND)
3	SAM	NANTES	FRANCE	NANTES(FRANCE)
4	KIM	RESENDE	BRAZIL	RESENDE(BRAZIL)
5	LEE	VERSAILLES	FRANCE	VERSAILLES(FRANCE)
6	BERNEY	BERGAMO	ITALY	BERGAMO(ITALY)
7	SANDY	BERLIN	GERMANY	BERLIN(GERMANY)
8	YOUNG	SEOUL	KOREA	SEOUL(KOREA)

정답 ▶ SELECT ID, NAME, CITY, COUNTRY,
CITY||'('||COUNTRY ||')' AS ADDR
FROM CUSTOMERS;

만약 '||'가 아닌 '+' 기호로 표현할 경우 다음과 같이 나열할 수 있다.

정답 ▶ SELECT ID, NAME, CITY, COUNTRY,
CITY + '('+COUNTRY+')' AS ADDR
FROM CUSTOMERS;

■ 공백 제거하기

01. 오른쪽 공백 제거하기

SELECT **열 이름1**, RTRIM (**열 이름2**) FROM **테이블명;**
　　　　　출력하고 싶은 열 이름　　　　　참조를 원하는 테이블

> 열의 오른쪽 공백을 제거하고 싶다면 RTRIM 함수를 사용하면 돼.

02. 왼쪽 공백 제거하기

SELECT **열 이름1**, LTRIM (**열 이름2**) FROM **테이블명;**
　　　　　출력하고 싶은 열 이름　　　　　참조를 원하는 테이블

> 열의 왼쪽 공백을 제거하고 싶다면 LTRIM 함수를 사용하면 돼.

03. 모든 공백 제거하기

SELECT **열 이름1**, TRIM (**열 이름2**) FROM **테이블명;**
　　　　　출력하고 싶은 열 이름　　　　　참조를 원하는 테이블

> 오른쪽, 왼쪽 공백을 모두 제거하고 싶다면 TRIM 함수를 사용하면 돼.

TRIM 통 다듬다

> **SQL 문장 풀이** '특정 테이블로부터 공백을 제거한 데이터를 추출하여 나타내라'는 뜻이다. 공백을 제거해야 할 때 TRIM 함수를 사용한다.

100쪽 예제 1번은 공백을 포함한 데이터가 출력되었다. 이러한 공백을 없애려면 TRIM 함수를 사용한다. TRIM은 '다듬다'라는 뜻으로, 공백을 제거한다는 의미로 이해하면 쉬울 것이다. 오른쪽 공백을 없애려면 RTRIM 함수, 왼쪽 공백을 없애려면 LTRIM 함수, 양옆의 공백을 없애려면 TRIM 함수를 사용한다. 보통은 양옆의 공백을 제거해야 하는 경우가 많기 때문에 TRIM 함수가 많이 사용된다.

01. CUSTOMERS 테이블을 사용하여 도시(나라)로 표현되도록 필드를 결합하고 ADDR이라는 별칭을 주자. 단, 나라에 공백이 없도록 표현하자(공백 없애기).

힌트 ▶ 결합연산자를 사용해야 하는 부분은 총 5개의 요소로 나눌 수 있다.

CITY 열에 저장된 값 (공백을 제거한 COUNTRY 열에 저장된 값) ADDR 별칭 주기

     ①   ②괄호   ③   ④괄호   ⑤

실행결과 ▼

ID	NAME	CITY	COUNTRY	ADDR
1	SUE	BERLIN	GERMANY	BERLIN(GERMANY)
2	DAVID	BERN	SWITZERLAND	BERN(SWITZERLAND)
3	SAM	NANTES	FRANCE	NANTES(FRANCE)
4	KIM	RESENDE	BRAZIL	RESENDE(BRAZIL)
5	LEE	VERSAILLES	FRANCE	VERSAILLES(FRANCE)
6	BERNEY	BERGAMO	ITALY	BERGAMO(ITALY)
7	SANDY	BERLIN	GERMANY	BERLIN(GERMANY)
8	YOUNG	SEOUL	KOREA	SEOUL(KOREA)

정답 ▶
```
SELECT ID, NAME, CITY, COUNTRY,
       CITY||'('||TRIM (COUNTRY)||')' AS ADDR
  FROM CUSTOMERS;
```

만약 '||'가 아닌 '+' 기호로 표현할 경우 다음과 같이 나열할 수 있다.

정답 ▶
```
SELECT ID, NAME, CITY, COUNTRY,
       CITY + '('+TRIM (COUNTRY)+')' AS ADDR
  FROM CUSTOMERS;
```

● 고객구매정보 테이블: CUST_PERF

고객 번호	고객이름	고객등급 (PRIORITY)	한 달 전 구매금액	두 달 전 구매금액	세 달 전 구매금액	거주하는 도시	거주하는 나라
ID	NAME	SEG	TOT_AMT_1	TOT_AMT_2	TOT_AMT_3	CITY	COUNTRY
1	SUE	PRIORITY	790	1,770	4,780	BERLIN	GERMANY
2	DAVID	MASS	90,700	5,789	87,986	BERN	SWITZERLAND
3	SAM	MASS				NANTES	FRANCE
4	KIM	MASS	88,805	659,860	5,130	BERGAMO	BRAZIL
5	LEE	PRIORITY	9,846,000	5,708,900	7,600,000	VERSAILLES	FRANCE
6	BERNEY	MASS		6000		BERGAMO	ITALY
7	SANDY	PRIORITY	1,000,400	788,000	2,378,696	BERLIN	GERMANY
8	YOUNG	MASS				SEOUL	KOREA
9	SALLY	MASS	540		7,700	TOKYO	JAPAN
10	BRIAN	MASS	254,860	578,321	432,004	PUSAN	KOREA
11	CHRISTINA	PRIORITY	687,063	870,000	545,400	OSAKA	JAPAN

➕ CUST_PERF 테이블의 기본 키(PRIMARY KEY)는 ID이다.

01

김 대리, 한국에 본사를 둔 A 기업은 전 세계의 고객구매정보를 CUST_
PERF 테이블에 적재해두지. 여기에서 ES라는 문자를 포함하는 도시 중 세
달 연속 구매 금액이 3백만원이 넘는 고객들을 나타내볼래?

결과 ▼

ID	NAME	SEG	TOT_AMT_1	TOT_AMT_2	TOT_AMT_3	CITY	COUNTRY
5	LEE	PRIORITY	9,846,000	5,708,900	7,600,000	VERSAILLES	FRANCE

일단 ES가 포함된 도시에 거주하는 고객들을 찾기 위해 LIKE 연산자를 사
용했습니다. 세 달 연속 구매금액이 3백만원이 넘는 고객은 COALESCE 함
수를 이용해서 NULL값을 0으로 치환한 후 AND 연산자를 사용하여 결과를
구했어요.

정답 ▶ SELECT *

FROM CUST_PERF

WHERE CITY LIKE '%ES%'

      AND COALESCE(TOT_AMT_1,0) >= 3000000

      AND COALESCE(TOT_AMT_2,0) >= 3000000

      AND COALESCE(TOT_AMT_3,0) >= 3000000;

 김 대리, 위의 고객에게 감사 DM을 발송할 것이네. 맨 처음 문구가 다음과 같다면 SQL 문장을 어떻게 만들 수 있을까?

예시 ▶ DEAR LEE, YOUR SEGMENT IS PRIORITY IN OUR COMPANY.

결과 ▼

DM_DE
DEAR LEE, YOUR SEGMENT IS PRIORITY IN OUR COMPANY.

 TRIM을 사용하여 공백을 제거하고 작은따옴표를 활용하여 공백 및 포함할 문자를 표현했어요.

정답 ▶ SELECT 'DEAR '||TRIM(NAME)||', '||'YOUR SEGMENT IS

      '||TRIM(SEG)||' IN OUR COMPANY.' AS DN_DE

FROM CUST_PERF

WHERE CITY LIKE '%ES%'

      AND COALESCE(TOT_AMT_1,0) >= 3000000

      AND COALESCE(TOT_AMT_2,0) >= 3000000

      AND COALESCE(TOT_AMT_3,0) >= 3000000;

기본 함수
배우기

함수는 SQL 사용자가 꼭 알아야 할 기능 중 하나이다. 많은 함수를 알고 있을수록 코딩을 간단하게 만들 수 있고 효과적으로 데이터를 다룰 수 있다. 이번 장에서는 기본 함수인 문자 함수, 숫자 함수, 날짜 함수에 대해서 살펴볼 것이다.

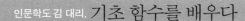

인문학도 김 대리, 기초 함수를 배우다

"김 대리, 처음 SQL을 배울 때 내가 했던 말 기억해?"

김 대리가 조심스럽게 대답했다.

"혹시 SQL의 시작과 끝은 'SELECT 열 이름 FROM 테이블명 WHERE 조건절;'이라는 내용 말씀이세요?"

흐뭇한 표정으로 이 차장이 말을 이어나갔다.

"맞아. 지금까지 우리는 'SELECT 열 이름 FROM 테이블명 WHERE 조건절;'에 대해 공부했어. 그동안 목적지에 가는 방법에 대해 배웠다면 앞으로는 함수를 통해 그 목적지에 최단 거리, 최단 시간으로 가는 방법을 알아볼 거야. 함수는 SELECT문을 간결하게 만들고 효과적으로 데이터를 조작할 수 있도록 도와주는 기능을 해. 따라서 함수는 많이 알고 있을수록 좋아. 그런데 DBMS마다 지원하는 함수에 차이가 있어. 공통적으로 지원하는 함수는 소수야. 각 DBMS의 특성에 맞게 함수를 사용해야 한다는 점을 주의해야 해. 이번 시간에는 문자 함수, 숫자 함수, 날짜 함수에 대해서 알아보자."

문자/숫자/날짜 함수 배워보기

문자 함수, 숫자 함수, 날짜 함수에 대해 배워보자.

■ 문자 함수

함수란 변수를 특정한 형태로 변화시키는 것이다. 대표적인 문자 함수는 다음과 같다.

문자함수정리

함수	설명	비고
LOWER	모든 문자를 소문자로 변환한다.	Access에서는 LCASE()사용
UPPER	모든 문자를 대문자로 변환한다.	Access에서는 UCASE()사용
LENGTH	문자의 길이를 나타낸다.	
SUBSTR	문자 값 중 원하는 길이만큼만 나타낸다.	
RTRIM	문자열 오른쪽 공백을 잘라낸다.	
LTRIM	문자열 왼쪽 공백을 잘라낸다.	
TRIM	문자열의 왼쪽, 오른쪽 공백을 잘라낸다.	
REPLACE	특정 문자열을 다른 문자열로 대체한다.	
COALESCE	조건에 따라 여러 가지 값으로 치환한다.	
INITCAP	첫 글자는 대문자, 나머지는 소문자로 변환한다.	

예를 들어 대문자 A는 LOWER 함수를 통해 소문자 a로 변경되고, ab라는 문자는 UPPER 함수를 통해 대문자 AB로 변경된다.

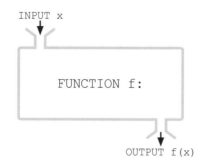

- 벤더 테이블: VENDOR_INFO

ID	NAME	COUNTRY
1	Sue	Germany
2	David	Switzerland
3	Sam	France
4	Jihoon	Brazil
5	Sunwoo	France
6	Berney	Italy
7	Sandy	Germany
8	Young	Korea

벤더 아이디   벤더 이름   국가

➕ VENDOR_INFO 테이블의 기본 키(PRIMARY KEY)는 ID이다.

01. VENDOR_INFO 테이블을 사용하여 이름을 소문자로 변환하고 NAME_SMALL이
라는 별칭을 설정해보자(LOWER 함수 사용하기).

힌트 ▶ LOWER를 사용한다. 문법은 LOWER(열 이름)이다.

실행결과 ▼

ID	NAME	NAME_SMALL
1	Sue	sue
2	David	david
3	Sam	sam
4	Jihoon	jihoon
5	Sunwoo	sunwoo
6	Berney	berney
7	Sandy	sandy
8	Young	young

정답 ▶
```
SELECT ID, NAME, LOWER(NAME) AS NAME_SMALL
   FROM VENDOR_INFO;
```

02. VENDOR_INFO 테이블을 사용하여 이름을 대문자로 변환하고 NAME_CAP이라는 별칭을 설정해보자(UPPER 함수 사용하기).

힌트 ▶ UPPER를 사용한다. 문법은 UPPER(열 이름)이다.

실행결과 ▼

ID	NAME	NAME_CAP
1	Sue	SUE
2	David	DAVID
3	Sam	SAM
4	Jihoon	JIHOON
5	Sunwoo	SUNWOO
6	Berney	BERNEY
7	Sandy	SANDY
8	Young	YOUNG

정답 ▶
```
SELECT ID, NAME, UPPER(NAME) AS NAME_CAP
FROM VENDOR_INFO;
```

03. VENDOR_INFO 테이블을 사용하여 이름의 자릿수를 세고 NAME_CNT라는 별칭을 설정해보자(LENGTH 함수 사용하기).

힌트 ▶ LENGTH를 사용한다. 문법은 LENGTH(열 이름)이다.

실행결과 ▼

ID	NAME	NAME_CNT
1	Sue	3
2	David	5
3	Sam	3
4	Jihoon	6
5	Sunwoo	6
6	Berney	6
7	Sandy	5
8	Young	5

04. VENDOR_INFO 테이블을 사용하여 이름의 두 번째에서 네 번째에 위치한 글자를 나타내고 NAME_STR이라는 별칭을 설정해보자(SUBSTR 함수 사용하기).

힌트 ▶ SUBSTR을 사용한다. 문법은 SUBSTR(열 이름, 시작 위치, 자릿수)이다.

실행결과 ▼

ID	NAME	NAME_STR
1	Sue	ue
2	David	avi
3	Sam	am
4	Jihoon	iho
5	Sunwoo	unw
6	Berney	ern
7	Sandy	and
8	Young	oun

정답 ▶
```
SELECT ID, NAME, SUBSTR(NAME,2,3) AS NAME_STR
  FROM VENDOR_INFO;
```

■ 숫자 함수

다음은 대표적인 숫자 함수를 정리한 것이다.

숫자함수정리

함수	설명
ROUND	소수점의 자릿수를 지정하여 반올림한다.
TRUNC	해당 소수점 자리에서 잘라낼 때 사용한다.
MOD(M,N)	M을 N으로 나눈 나머지를 나타낸다.
ABS	값을 절대값으로 변환할 때 사용한다.
SIGN	숫자가 양수면 1, 음수면 -1, 0이면 0을 나타낸다.

SQRT	제곱근을 나타낸다.
COS	지정한 각도의 COS값을 나타낸다.
SIN	지정한 각도의 SIN값을 나타낸다.
PI	지정한 각도의 파이값을 나타낸다.
TAN	지정한 각도의 TAN값을 나타낸다.

다음은 숫자 함수를 활용하는 예제이다.

● 제품판매 테이블: PROD_SALES

제품번호	제품 판매금액	제품 판매수량	경제적 이익
PROD_ID	TOTAL_SALES	SALES_NUM	ECON_INCOME
65478	7883.64	564	301
56870	2156.12	412	-241
13540	5701.74	230	62
89744	224.33	96	12
23787	5703.5	170	70
56706	744.57	21	-120
96385	570.55	54	57
33187	977.98	90	91

➕ PROD_SALES 테이블의 기본 키(PRIMARY KEY)는 PROD_ID이다.

01. PROD_SALES 테이블을 사용하여 소수점 둘째 자리에서 반올림한 제품 판매금액을 계산한 후 별칭은 SALES_REV라고 설정해보자(ROUND 함수 사용하기).

힌트 ▶ ROUND를 이용한다. 문법은 ROUND(열 이름, 나타내고 싶은 소수점 자릿수)이다.

실행결과 ▼

PROD_ID	TOTAL_SALES	SALES_REV
65478	7883.64	7883.6
56870	2156.12	2156.1

13540	5701.74	5701.7
89744	224.33	224.3
23787	5703.5	5703.5
56706	744.57	744.6
96385	570.55	570.6
33187	977.98	978

정답 ▸ SELECT PROD_ID, TOTAL_SALES, ROUND(TOTAL_SALES,1)
              AS SALES_REV
         FROM PROD_SALES;

02. PROD_SALES 테이블을 사용하여 소수점 첫째 자리에서 반올림한 제품 판매금액을
계산한 후 별칭은 SALES_REV라고 설정해보자(ROUND 함수 사용하기).

힌트 ▸ ROUND를 이용한다. 문법은 ROUND(열 이름, 나타내고 싶은 소수점 자릿수)이다.

실행결과 ▼

PROD_ID	TOTAL_SALES	SALES_REV
65478	7883.64	7884
56870	2156.12	2156
13540	5701.74	5702
89744	224.33	224
23787	5703.5	5704
56706	744.57	745
96385	570.55	571
33187	977.98	978

정답 ▸ SELECT PROD_ID, TOTAL_SALES, ROUND(TOTAL_SALES,0)
              AS SALES_REV
         FROM PROD_SALES;

03. PROD_SALES 테이블을 사용하여 정수 첫째 자리에서 반올림한 제품 판매금액을
계산한 후 별칭은 SALES_REV라고 설정해보자(ROUND 함수 사용하기).

힌트 ▸ ROUND를 이용한다. 문법은 ROUND(열 이름, 나타내고 싶은 소수점 자릿수)이다.

PROD_ID	TOTAL_SALES	SALES_REV
65478	7883.64	7880
56870	2156.12	2160
13540	5701.74	5700
89744	224.33	220
23787	5703.5	5700
56706	744.57	740
96385	570.55	570
33187	977.98	980

정답 ▶ SELECT PROD_ID, TOTAL_SALES, ROUND(TOTAL_SALES,-1)
　　　　　　　　AS SALES_REV
　　　FROM PROD_SALES;

04. PROD_SALES 테이블을 사용하여 제품 판매금액을 제품 판매수량으로 나눈 나머지
를 구한 후 별칭은 SALES_BALANCE라고 설정해보자(MOD 함수 사용하기).

힌트 ▶ MOD를 이용한다. 문법은 MOD(분자, 분모)이다.

PROD_ID	TOTAL_SALES	SALES_NUM	SALES_BALANCE
65478	7883.64	564	551.64
56870	2156.12	412	96.12
13540	5701.74	230	181.74
89744	224.33	96	32.33
23787	5703.5	170	93.5
56706	744.57	21	9.57
96385	570.55	54	30.55
33187	977.98	90	77.98

정답 ▶ SELECT PROD_ID, TOTAL_SALES, SALES_NUM, MOD(TOTAL_
　　　　　　　　SALES,SALES_NUM) AS SALES_BALANCE
　　　FROM PROD_SALES;

05. PROD_SALES 테이블을 사용하여 경제적 이익의 절대값을 나타내고 별칭은 PRFT
라고 설정해보자(ABS 함수 사용하기).

힌트 ▶ ABS를 이용한다. 문법은 ABS(열 이름)이다.

실행결과 ▼

PROD_ID	ECON_INCOME	PRFT
65478	301	301
56870	-241	241
13540	62	62
89744	12	12
23787	70	70
56706	-120	120
96385	57	57
33187	91	91

정답 ▶ SELECT PROD_ID, ECON_INCOME, ABS(ECON_INCOME) AS PRFT
FROM PROD_SALES;

■ 날짜 함수

다음은 대표적인 날짜 함수를 정리한 것이다. DBMS마다 날짜를 활용한 기능은
다양하고, 그 종류도 방대하다. 이러한 기능들을 정확히 이해하려면 각 DBMS의
설명서를 참고하는 것이 좋다.

날짜 함수 정리

함수	설명	비고
ADD_MONTHS	지정한 날짜에 개월 수를 더한 값을 출력한다.	
SYSDATE	현재 시스템의 날짜 데이터를 반환한다.	ACCESS는 NOW()를 사용하며 ORACLE은 SYSDATE를, SQL SERVER와 SYBASE는 GATEDATE()를 사용한다.
LAST_DAY	해당 월의 마지막 날짜를 반환한다.	ORACLE에서 제공한다.

MONTH_BETWEEN	지정된 월 간의 월 수를 반환한다. MONTH_BETWEEN(date_1, date_2)은 date_1과 date_2 사이의 기간을 월로 나타낸다.(한 달 이내거나 정확한 달로 맞아 떨어지지 않을 경우는 소수점으로 표시한다.)	ORACLE에서 제공한다.

2장에서 배웠던 CLERK 테이블을 가지고 날짜 함수를 연습해보자.

01. CLERK 테이블을 사용하여 직원들 생일에 한 달을 더해서 나타내고 별칭은 BIRTH_P1이라고 설정해보자(ADD_MONTHS 함수 사용하기).

힌트 ▶ ADD_MONTHS를 이용한다. 문법은 ADD_MONTHS(열 이름, 추가할 달)이다. 즉, ADD_MONTHS(date, integer)는 지정된 날짜의 월에 일정한 정수값을 더한 날짜를 반환한다.

실행결과 ▼

ID	BIRTH_DT	BIRTH_P1
135	1984-02-11	1984-03-11
142	1971-12-08	1972-01-08
121	1978-05-28	1978-06-28
334	1965-01-12	1965-02-12
144	1981-03-03	1981-04-03
703	1985-05-14	1985-06-14
732	1990-01-26	1990-02-26
911	1988-06-11	1988-07-11

정답 ▶
```
SELECT ID, BIRTH_DT, ADD_MONTHS(BIRTH_DT, 1) AS
       BIRTH_P1
  FROM CLERK;
```

● 고객구매정보 테이블: CUST_INFO

고객 아이디	이름	성	수익
RESIDENCE_ID	FIRST_NM	LAST_NM	ANNL_PERF
8301111999999	JIHUN	KIM	330.08
7012012888888	JINYOUNG	LEE	857.61
6705302777666	MIJA	HAN	-76.77
8411011555666	YOUNGJUN	HA	468.54
7710092666777	DAYOUNG	SUNG	-890
7911022444555	HYEJIN	SEO	47.44

➕ CUST_INFO 테이블의 기본 키(PRIMARY KEY)는 RESIDENCE_ID이다.

 김 대리, 고객 성별에 따라 특화된 마케팅을 진행하려고 하네. CUST_INFO 테이블을 이용하여 성별을 나타내는 GENDER라는 별칭을 만들고 남자면 1, 여자면 2라고 나타내볼래? 참고로 주민등록번호 7번째 숫자가 1이면 남자, 2면 여자야.

결과 ▼

RESIDENCE_ID	GENDER
8301111999999	1
7012012888888	2
6705302777666	2
8411011555666	1
7710092666777	2
7911022444555	2

 SUBSTR 함수를 사용하면 쉽게 해결할 수 있어요.

정답 ▶
```
SELECT RESIDENCE_ID,
       SUBSTR(RESIDENCE_ID, 7, 1) AS GENDER
FROM CUST_INFO;
```

02

고객과 비대면으로 ONE-WAY 의사소통을 할 수 있는 채널에는 DM (DIRECT MAIL), E-DM(ELECTRONIC DIRECT MAIL), SMS 등이 있어. 만약 고객들에게 E-DM을 발송할 때 이름을 KIM, JIHOON과 같은 형식으로 표기해야 한다면 어떻게 문제를 해결할 수 있을까?

결과 ▼

FULL_NM
KIM, JIHUN
LEE, JINYOUNG
HAN, MIJA
HA, YOUNGJUN
SUNG, DAYOUNG
SEO, HYEJIN

공백을 제거하는 TRIM 함수를 사용하면 쉽게 해결할 수 있어요.

정답 ▶
```
SELECT TRIM(LAST_NM)||', '||TRIM(FIRST_NM) AS
       FULL_NM
  FROM CUST_INFO;
```

03

고객들의 1년간 수익(ANNL_PERF)을 소수점 둘째 자리에서 반올림하여 첫째 자리까지 나타내고 별칭은 NEW_ANNL_PERF로 설정해볼래?

결과 ▼

RESIDENCE_ID	NEW_ANNL_PERF
8301111999999	330.1
7012012888888	857.6
6705302777666	-76.8
8411011555666	468.5

7710092666777	-890
7911022444555	47.4

 ROUND 함수를 사용하여 반올림하면 쉽게 해결할 수 있어요.

정답 ▶ SELECT RESIDENCE_ID, ROUND(ANNL_PERF, 1) AS
NEW_ANNL_PERF
FROM CUST_INFO;

08 DAY

함수 활용하기

데이터를 요약하기 위해서는 평균, 합계, 최솟값, 최댓값 등을 계산해야 한다. 조건문을 주는 것 또한 데이터 분석 작업에서 많이 사용한다. 이러한 작업들은 SQL에서 간단한 함수를 통해 실행할 수 있다. 이번 장에서는 데이터 분석 작업에서 많이 사용하는 집계 함수 및 조건절에 대해서 알아볼 것이다.

인문학도 김 대리, 다양한 함수를 배우다

장 부장이 김 대리에게 물었다.

"김 대리, SQL 멘토링은 잘 되어가고 있어? 나는 김 대리한테 기대가 커. 잘하고 있을 것이라 믿네."

김 대리, SQL 멘토링은 잘 되어가고 있어?

네, 부장님. 아직 부족하지만 숲 전체를 바라보는 시야를 갖게 된 것 같아요.

김 대리가 대답했다.

"네, 부장님. 잘 배우고 있습니다. 아직은 조금 더 배워야 하지만 숲 전체를 바라보는 시야를 갖게 된 것 같

아요. 빠른 시일 안에 마스터해서 부서 내 수익 창출에 기여할 수 있도록 노력하겠습니다."

흐뭇한 표정을 지으며 장 부장이 말했다.

"나 성격 급한 거 알지? 농담이고, SQL을 잘 배워서 나를 많이 도와줘야 돼."

이어 이 차장이 나타났고 장 부장은 회의에 참석하러 갔다. 이 차장이 물었다.

"김 대리, 장 부장님께서 뭐라고 하셨어?"

김 대리가 웃으며 대답했다.

"SQL 멘토링이 잘 되고 있는지 물어보셔서 숲 전체를 바라보는 시야를 갖게 되었다고 말씀 드렸어요."

이 차장은 김 대리가 대견스러웠다.

"그럼 오늘 진도 나가볼까? 김 대리가 A 고등학교 선생님이라고 가정해보자. 반 아이들의 전체 성적을 관리할 때 대표적으로 보는 수치(통계량)는 어떤 것이 있을까?"

"과목별 평균, 과목별 최댓값과 최솟값, 과목별 점수 합계 등이 있을 것 같아요."

"맞아. 반 전체를 관리할 때는 대표성을 갖는 수치가 필요한데 이러한 것들은 SQL의 집계 함수를 통해 간단히 나타낼 수 있어. 만약 학급의 영어 점수를 관리한다면 반 전체의 영어 점수 평균을 알고 싶을 것이고, 최저 점수와 최고 점수를 통한 편차 파악도 중요할 거야. 이것을 집계 함수를 통해 나타내는 거지. 또 데이터 작업을 하다 보면 조건문을 사용하는 경우가 많아. 이것은 CASE WHEN 조건문을 사용해서 간단하게 처리할 수 있어. 실제 데이터 분석 작업에도 많이 사용되는 문장이기 때문에 주의 깊게 살펴봐야 해. 그럼 오늘도 활기차게 시작해볼까?"

자아, 그럼 오늘 진도 나가볼까? CASE WHEN 조건문을 사용해서 데이터 분석 작업을 해보자고.

네!

숫자 데이터 요약하기

집계 함수 및 조건문을 사용하여 테이블 데이터를 요약하는 방법을 알아보자.

■ COUNT 함수

집계함수정리

함수	설명	비고
COUNT	행의 수를 나타낸다.	NULL값을 포함한 전체 행의 수: COUNT(*) NULL값을 제외한 전체 행의 수: COUNT(열 이름) 중복을 제외한 행의 수: COUNT(DISTINCT 열 이름)
SUM	행의 합계를 나타낸다.	전체 합계: SUM(열 이름)
AVG	행의 평균을 나타낸다.	평균: AVG(열 이름)
MAX	행의 최댓값을 나타낸다.	최댓값: MAX(열 이름)
MIN	행의 최솟값을 나타낸다.	최솟값: MIN(열 이름)
STDENV	행의 표준편차를 나타낸다.	표준편차: STDENV(열 이름)
VARIANCE	행의 분산을 나타낸다.	분산: VARIANCE(열 이름)

> **이차장's tip**
> 집계 함수란 여러 행을 대상으로 연산을 수행해서 하나의 값으로 나타내는 것을 말해.

COUNT는 행의 수를 나타낸다. NULL값을 포함한 모든 행의 수를 계산할 경우 'COUNT(*)'를 사용한다. NULL값을 제외한 모든 행의 수를 계산할 경우 'COUNT(열 이름)', NULL값 및 중복을 제외한 행의 수를 계산할 경우 'COUNT(DISTINCT 열 이름)'를 사용한다. 자세한 것은 STUD_SCORE 테이블을 통한 예제로 살펴보자.

● 학생과목별점수 테이블: STUD_SCORE

학번 STUDENT_ID	수학 점수 MATH_SCORE	영어 점수 ENG_SCORE	철학 점수 PHIL_SCORE	음악 점수 MUSIC_SCORE
0123511	89	78	45	90
0255475	88	90		87
9921100	87			98
9732453	69	98	78	78

0578981	59	90	89	
0768789	94	80	87	99
9824579	90	90	78	87
0565789	58	64	72	

 STUD_SCORE 테이블의 기본 키(PRIMARY KEY)는 STUDENCT_ID이다.

01. STUD_SCORE 테이블을 사용하여 NULL값을 포함한 행의 개수를 세보자(NULL값을 포함한 모든 행 카운트).

힌트 ▶ *를 사용한다.

실행결과 ▼

CNT
8

정답 ▶ SELECT COUNT(*) AS CNT FROM STUD_SCORE;

02. STUD_SCORE 테이블을 사용하여 NULL값을 제외한 음악 점수 보유자를 세보자 (NULL값을 제외한 모든 행 카운트).

힌트 ▶ 'COUNT(열 이름)'를 사용한다.

실행결과 ▼

MUSIC_CNT
6

정답 ▶ SELECT COUNT(MUSIC_SCORE) AS MUSIC_CNT
FROM STUD_SCORE;

03. STUD_SCORE 테이블을 사용하여 NULL값 및 중복된 값을 제외한 영어 점수 보유자를 세보자(NULL값 및 중복된 값을 제외한 행 카운트).

힌트 ▶ 'COUNT(DISTINCT 열 이름)'를 사용한다.

ENG_CNT
5

정답 ▶ SELECT COUNT(DISTINCT ENG_SCORE) AS ENG_CNT
      FROM STUD_SCORE;

알아두면 유용한 지식~!

- COUNT 함수는 데이터의 검증용으로도 많이 사용된다. 특정한 테이블을 만들었을 때 그 테이블에 NULL값이나 중복된 값이 있는지 눈으로는 찾기 힘들다. 하지만 'COUNT(*)', 'COUNT(열 이름)', 'COUNT(DISTINCT 열 이름)'를 사용하면 쉽게 검증할 수 있다.

■ SUM, AVG, MAX, MIN, STDENV, VARIANCE 함수

집단(Population)에 대해 요약할 때는 대표성을 갖는 수치가 필요하다. 이 수치는 합계, 평균, 편차로 요약할 수 있다. 편차는 최댓값과 최솟값 간의 거리, 표준편차, 분산 등으로 구분된다. 이들은 SUM, AVG, MIN, STDENV, VARIANCE 함수로 쉽게 나타낼 수 있다. 다음 예제와 함께 사용법을 익혀보도록 하자.

01. STUD_SCORE 테이블을 사용하여 수학 점수의 총 합계를 구해보자(합계 계산하기).

힌트 ▶ SUM 함수를 사용한다.

실행결과 ▼

MATH_TOTAL
634

`SELECT SUM(MATH_SCORE) AS MATH_TOTAL`
`  FROM STUD_SCORE;`

02. STUD_SCORE 테이블을 사용하여 음악 점수의 평균을 구해보자(평균 계산하기).

① NULL값을 제외한 계산

AVG 함수를 사용한다. 이 함수를 사용하면 NULL값을 가진 열은 계산에서 생략되어 전체 평균값이 잘못될 수 있으므로 주의해야 한다.

MUSIC_AVG
89.83

`SELECT AVG(MUSIC_SCORE) AS MUSIC_AVG`
`  FROM STUD_SCORE;`

② NULL값을 포함한 계산

NULL값을 0으로 치환해주는 COALESCE 함수를 사용한다.

MUSIC_AVG
67.38

`SELECT AVG(COALESCE(MUSIC_SCORE,0)) AS MUSIC_AVG`
`  FROM STUD_SCORE;`

03. STUD_SCORE 테이블을 사용하여 수학 점수의 최댓값 및 최솟값을 구해보자(최댓값, 최솟값 계산하기).

MAX, MIN 함수를 이용한다.

MAX_SCORE	MIN_SCORE
94	58

`SELECT MAX(MATH_SCORE) AS MAX_SCORE, MIN(MATH_`
`      SCORE) AS MIN_SCORE`
`  FROM STUD_SCORE;`

- 집계 함수를 사용하면 NULL값은 계산에서 무시된다. 앞에서 살펴보았듯이 평균을 계산할 때 AVG 함수를 사용하면 NULL값이 무시된다. NULL값을 포함해서 계산하고 싶다면 COALESCE 함수를 이용하여 치환하면 된다.
- 별칭을 지정할 때 테이블에 존재하는 열 이름이 아닌 새로운 이름으로 지정하는 것이 좋다. 테이블에 존재하는 열 이름을 사용하는 것이 잘못된 것은 아니지만 복잡한 데이터 분석을 할 때 혼란을 줄 수 있다.
- 숫자형 데이터를 분석할 때 SUM, AVG, MIN, MAX 값을 사용하여 데이터를 검증하는 것은 중요하다. 만약 영어 점수에서 데이터 처리 오류가 발생하여 -20점이 포함되었다면 영어 점수의 최솟값은 -20으로 출력될 것이다. 위의 함수를 사용하면 데이터가 잘못 처리되었음을 검증할 수 있다.

조건문 이해하기

조건에 따른 결과값을 나타낼 수 있는 CASE WHEN 문장에 대해 알아보자.

■ CASE WHEN 문장

01. CASE WHEN 문장

```
SELECT 열 이름1,
        CASE  WHEN [조건1] THEN [결과값1]
            WHEN [조건2] THEN [결과값2]
            ELSE [결과값3] END AS 새로운 열 이름
FROM 테이블명 ;
```

> **이차장's tip**
>
> CASE WHEN은 조건절을 나타낼 때 사용해. 데이터 분석에서 많이 사용되는 문법이니까 잘 숙지해야 해.

SQL 문장 풀이 '[조건1]을 만족하면 [결과값1]을 나타내고, [조건2]를 만족하면 [결과값2]를 나타내라. 나머지는 [결과값3]으로 보여주고 이들 결과값은 [새로운 열 이름]으로 나타내라'는 뜻이다. CASE WHEN 문장은 조건문을 나타낼 때 사용되고 활용도가 높다.

CASE WHEN [조건] THEN [결과값1] ELSE [결과값2] END AS [새로운 열 이름]은 데이터 분석 시 많이 사용되는 문장이다. CASE WHEN 문장을 집계 함수와 함께 뒤에서 배울 GROUP BY절과 효율적으로 결합하면 효과적인 데이터 분석을 할 수 있다. CASE WHEN, 집계 함수 및 GROUP BY절을 사용한 데이터 분석은 뒤에서 좀 더 자세히 배울 것이다. 다음 테이블은 직원들의 직위, 현재 연봉, 영어 점수를 나타낸 테이블이다. 다음 테이블을 가지고 용법에 대해 자세히 알아보도록 하자.

● 직원연봉 테이블: STAFF_SAL

사번	직위	현재 연봉(단위: USD)	영어 점수
ID	JOB	CURRENT_SAL	ENG_SCORE
2148	OFFICER	40,000	90

5780	CLERK	32,000	98
6870	MANAGER	100,000	81
4565	CLERK	30,000	79
9687	CLERK	33,000	66
7337	MANAGER	100,000	95
1321	OFFICER	43,000	80
9895	CLERK	30,000	50

 STAFF_SAL 테이블의 기본 키(PRIMARY KEY)는 ID이다.

01. CLERK는 7%, OFFICER는 5%, MANAGER는 3%로 연봉을 인상하기로 했다. STAFF_SAL 테이블을 사용하여 각 직원별 인상 연봉을 예상해보자(조건문 사용하기).

힌트 ▶ CASE WHEN 함수를 사용한다.

실행결과 ▼

ID	JOB	CURRENT_SAL	NEXT_SAL
2148	OFFICER	40,000	42,000
5780	CLERK	32,000	34,240
6870	MANAGER	100,000	103,000
4565	CLERK	30,000	32,100
9687	CLERK	33,000	35,310
7337	MANAGER	100,000	103,000
1321	OFFICER	43,000	45,150
9895	CLERK	30,000	32,100

정답 ▼

```
SELECT ID,JOB, CURRENT_SAL,
       CASE WHEN JOB = 'CLERK' THEN CURRENT_SAL*1.07
            WHEN JOB = 'OFFICER' THEN CURRENT_SAL*1.05
            WHEN JOB = 'MANAGER' THEN CURRENT_SAL*1.03
            ELSE CURRENT_SAL
```

```
        END AS NEXT_SAL
FROM STAFF_SAL;
```

02. 다음 표와 같이 연봉 인상이 직급, 영어 점수와 연관될 경우 STAFF_SAL 테이블을
사용하여 각 직원별 인상 연봉을 예상해보자(조건문 사용하기).

직급, 영어 점수에 따른 임금 인상률

JOB	영어 점수 80점 이상	영어 점수 80점 미만
CLERK	7%	6%
OFFICER	5%	4%
MANAGER	3%	2%

힌트 ▶ AND를 사용하여 조건을 한 개 더 추가한다.

실행결과 ▼

ID	JOB	CURRENT_SAL	ENG_SCORE	NEXT_SAL
2148	OFFICER	40,000	90	42,000
5780	CLERK	32,000	98	34,240
6870	MANAGER	100,000	81	103,000
4565	CLERK	30,000	79	32,100
9687	CLERK	33,000	66	35,310
7337	MANAGER	100,000	95	103,000
1321	OFFICER	43,000	80	45,150
9895	CLERK	30,000	50	32,100

정답 ▼

```
SELECT ID, JOB, CURRENT_SAL, ENG_SCORE,
       CASE WHEN JOB = 'CLERK' AND ENG_SCORE >= 80
            THEN CURRENT_SAL*1.07
            WHEN JOB = 'CLERK' AND ENG_SCORE < 80
            THEN CURRENT_SAL*1.06
            WHEN JOB = 'OFFICER' AND ENG_SCORE >= 80
            THEN CURRENT_SAL*1.05
            WHEN JOB = 'OFFICER' AND ENG_SCORE < 80
            THEN CURRENT_SAL*1.04
```

```
                     WHEN JOB = 'MANAGER' AND ENG_SCORE >= 80
                     THEN CURRENT_SAL*1.03
                     WHEN JOB = 'MANAGER' AND ENG_SCORE < 80
                     THEN CURRENT_SAL*1.02
                     ELSE CURRENT_SAL
               END AS NEXT_SAL
  FROM STAFF_SAL;
```

03. 2번 문제와 같이 연봉이 조정될 경우 필요한 추가 예산을 예상해보자(조건문 사용하기).

힌트 ▶ SUM 함수를 사용한다.

실행결과 ▼

ADD_BUDGET
17,970

$17,970만큼 예산이 더 필요함을 알 수 있다.

정답 ▼

```
SELECT (SUM(CASE WHEN JOB = 'CLERK' AND ENG_SCORE >= 80
                 THEN CURRENT_SAL*1.07
                 WHEN JOB = 'CLERK' AND ENG_SCORE < 80
                 THEN CURRENT_SAL*1.06
                 WHEN JOB = 'OFFICER' AND ENG_SCORE >= 80
                 THEN CURRENT_SAL*1.05
                 WHEN JOB = 'OFFICER' AND ENG_SCORE < 80
                 THEN CURRENT_SAL*1.04
                 WHEN JOB = 'MANAGER' AND ENG_SCORE >= 80
                 THEN CURRENT_SAL*1.03
                 WHEN JOB = 'MANAGER' AND ENG_SCORE < 80
                 THEN CURRENT_SAL*1.02
                 ELSE CURRENT_SAL
      END) - SUM(CURRENT_SAL)) AS ADD_BUDGET
  FROM STAFF_SAL;
```

- CASE WHEN 함수에서 EQUAL 조건만 있을 경우 DECODE 함수를 사용할 수 있다. 물론 DBMS 특성에 따라 지원이 안 되는 경우도 있다. DECODE 함수의 문법은 다음과 같다.

DECODE 함수 문법:

DECODE (열 이름, 조건 1, 결과값1,
　　　　　　조건 2, 결과값2,
　　　　　　조건 3, 결과값3, 기본값) 새로운 열 이름

128쪽의 예제 1번을 DECODE 함수를 사용해서 나타내면 다음과 같다.

```
SELECT ID,JOB, CURRENT_SAL,
       DECODE(JOB, 'CLERK', CURRENT_SAL*1.07,
                   'OFFICER', CURRENT_SAL*1.05,
                   'MANAGER', CURRENT_SAL*1.03, CURRENT_
                   SAL) NEXT_SAL
FROM STAFF_SAL;
```

김·대·리의 실습~!

● 2013년 12월 고객별수신평균잔액 테이블: CASA_201312

고객아이디	고객 세그먼트(DIAMOND: 최상위, GOLD: 중간, SILVER: MASS)	2013년 11월 수신평균잔액	2013년 12월 수신평균잔액
CUST_ID	CUST_SEG	BALANCE_201311	BALANCE_201312
54560	SILVER	1,000,000	2,000,000
68477	GOLD	112,000	3,500
96147	SILVER	300,000	1,000,010
32134	GOLD	2,354,000	3,200,000
12478	DIAMOND	6,015,000	5,800,000
54789	SILVER	200,000	300,000
34181	GOLD	4,200,000	4,100,000
23458	DIAMOND	5,000,000	6,200,000
12344	SILVER	210,000	200,000

➕ CASA_201312 테이블의 기본 키(PRIMARY KEY)는 CUST_ID이다.

➕ 수신은 금융기관이 거래 관계에 있는 다른 금융기관이나 고객으로부터 받는 신용을 의미한다. 쉽게 말해 이 예제에서 수신평균잔액이란 고객이 금융기관에 예치한 돈의 규모를 말한다.

01

김 대리, 2013년 11월에 고객들을 대상으로 수신평균잔액 증가 캠페인을 진행하였는데 내용은 다음과 같았어.

- 캠페인명: 수신고객 평균잔액 증가 캠페인
- 채널: LMS(건당 30원)
- 오퍼: 2013년 12월 수신평균잔액이 11월 평균잔액보다 10% 증가 시 오퍼 제공(단, 고객 등급별로 차등해서 지급)
- DIAMOND: 5,000원 상당 쿠폰
- GOLD: 3,000원 상당 쿠폰
- SILVER: 2,000원 상당 쿠폰

CASA_201312는 고객 세그먼트, 2013년 11월과 12월의 고객별 수신평균잔액이 나와 있는 테이블이야. OFFER_ACCEPT라는 새로운 열 이름을 만들어서 오퍼를 제공해야 할 고객은 1, 그 외 고객은 0이라고 표시한 후 어떤 고객이 캠페인 성공 고객인지 확인해볼래?

CUST_ID	CUST_SEG	BALANCE_201311	BALANCE_201312	OFFER_ACCEPT
54560	SILVER	1,000,000	2,000,000	1
68477	GOLD	112,000	3,500	0
96147	SILVER	300,000	1,000,010	1
32134	GOLD	2,354,000	3,200,000	1
12478	DIAMOND	6,015,000	5,800,000	0
54789	SILVER	200,000	300,000	1
34181	GOLD	4,200,000	4,100,000	0
23458	DIAMOND	5,000,000	6,200,000	1
12344	SILVER	210,000	200,000	0

캠페인 성공 고객(오퍼를 제공해야 할 고객)은 총 5명임을 확인했어요.

정답 ▼

```
SELECT CUST_ID, CUST_SEG, BALANCE_201311,
       BALANCE_ 201312,
       CASE WHEN BALANCE_201311*1.1 <= BALANCE_ 201312
               THEN 1
            ELSE 0
       END AS OFFER_ACCEPT
FROM CASA_201312;
```

김 대리, 고객들을 대상으로 마케팅 캠페인을 시행한 후에는 꼭 반응률 (Response rate)을 확인해봐야 해. 반응률은 총 캠페인 시행 대상 중에 성공한 고객 수가 얼마나 되는지 알아보는 개념이야. 참고로 마케팅 캠페인에서 총 캠페인 시행 대상을 '리드 수'라고 표현하지. 이 캠페인에 대한 반응률을 알아볼래?

결과 ▼

LEAD_CNT	OFFER_ACCEPT	RES_RATE
9	5	56%

마케팅 캠페인의 리드 수는 9명이고 성공 고객은 5명, 반응률은 56%임을 알 수 있어요.

정답 ▼

```
SELECT
        COUNT(CUST_ID) AS LEAD_CNT,
        SUM(CASE WHEN BALANCE_201311*1.1 <=
        BALANCE_201312 THEN 1 ELSE 0 END) AS OFFER_
        ACCEPT,
        (SUM(CASE WHEN BALANCE_201311*1.1 <=
        BALANCE_201312 THEN 1 ELSE 0 END)*100/
        COUNT(CUST_ID))
        AS RES_RATE
FROM CASA_201312;
```

03

김 대리, 마케팅 캠페인에서 반응률과 리드에 대한 개념을 잘 살펴보았지? 이제 캠페인 성과를 측정해볼까? 캠페인의 성과 측정은 보통 ROI(Return On Investment)라는 개념을 사용해. ROI는 수익과 비용이라는 두 가지 요소로 구성되어 있어. 쉽게 말해서 수익 나누기 비용이 ROI야. 실제 투입한 비용 대비 수익이 얼마나 증가하였나를 보는 지표이지. 이 ROI를 계산하기 위해 먼저 수익 측면에서 얼마나 증가했는지 살펴보자. 이를 위해서 수신 평균잔액의 일년 평균이익은 0.9%이고, 2013년 11월 대비 2013년 12월에 증가한 평균잔액은 1년 동안 지속된다는 간단한 가정을 해볼까?

결과 ▼

BAL_1311	BAL_1312	INC_BAL	REV
19,391,000	22,803,510	3,412,510	30,713

위의 가정을 적용하면 이 캠페인을 통한 수익은 30,713원이고 총 증가한 평균잔액은 3,412,510원이라는 것을 알 수 있어요.

```
SELECT SUM(BALANCE_201311) AS BAL_1311,
       SUM(BALANCE_201312) AS BAL_1312,
       SUM(BALANCE_201312)-SUM(BALANCE_201311) AS
       INC_BAL,
       (SUM(BALANCE_201312)-SUM(BALANCE_
       201311))*0.009 AS REV
FROM CASA_201312;
```

(04)

 ROI를 구하기 위해서 비용을 계산해봐야겠지? 일단 이 캠페인은 크게 두 가지 비용으로 구성되어 있어. 하나는 캠페인 오퍼 비용, 다른 하나는 LMS 비용이지. 캠페인 내용에 적혀져 있듯이 이 캠페인은 LMS 채널로 고객에게 안내 문자가 발송되었기 때문에 비용 계산 시 LMS 비용도 감안해야 해. LMS는 SMS(문자서비스)와 비슷한 개념으로, 장문의 문자서비스를 지칭하는 말이야. LMS 발송 비용, 오퍼 비용이 얼마나 지출되었는지 확인해볼래?

결과 ▼

LMS COST	OFFER COST
270	14,000

 LMS 비용은 270원, 오퍼 제공 비용은 14,000원으로, 총 마케팅 비용은 14,270원임을 알 수 있어요. 수익이 30,713원이었으므로 결국 ROI는 2.2(30,713원/14,270원)네요. ROI가 1이 넘으면 비용 대비 수익이 더 많다는 의미이고, ROI가 1보다 작으면 비용 대비 수익이 적다는 의미입니다. 따라서 이 캠페인은 비용 대비 수익이 더 많다고 결론지을 수 있어요.

정답 ▼

```
SELECT
       COUNT(CUST_ID)*30 AS LMS_COST,
       SUM(CASE WHEN BALANCE_201311*1.1 <= BALANCE_
       201312 AND CUST_SEG = 'SILVER' THEN 2000
```

```
        WHEN BALANCE_201311*1.1 <= BALANCE_201312
        AND CUST_SEG = 'GOLD' THEN 3000
        WHEN BALANCE_201311*1.1 <= BALANCE_201312
        AND CUST_SEG = 'DIAMOND' THEN 5000
        ELSE 0 END) AS OFFER_COST
FROM CASA_201312;
```

09
DAY

데이터의 그룹화,
필터링

데이터를 요약 및 분석하여 집단 간 차이에 대해서 알아보는 경우가 많다. 특히 집계 함수를 통해 그룹 간 평균, 합계, 최댓값, 최솟값의 차이를 많이 알아보는데 GROUP BY절을 사용하여 그 결과를 쉽게 나타낼 수 있다. 이번 장에서는 GROUP BY절을 사용하여 데이터를 그룹화하는 방법에 대해 알아보고, HAVING절을 사용하여 그룹화된 데이터를 필터링하는 방법에 대해서도 배워볼 것이다.

story

인문학도 김 대리, 데이터를 그룹화한,
심도 있는 데이터 분석 방법을 배우다

"김 대리, 지금까지 배웠던 것 다시 한 번 정리해볼까? 첫 번째로 SQL의 시작과 끝인 'SELECT 열 이름 FROM 테이블명 WHERE 조건절;'에 대해서 배웠지? 다음으로 데이터를 오름차순 혹은 내림차순으로 정렬하는 방법과 WHERE 조건절에 필터링하는 방법, DBMS에서 제공하는 함수, 마지막으로 조건문을 사용하는 방법에 대해서 살펴보았어. 지금까지 배웠던 것이 머리에 잘 그려져?"

김 대리가 자신 있게 대답했다.

"네, 이 차장님. 그동안 배웠던 것이 잘 정리되는 것 같아요. 그리고 이 차장님이 말씀하신 SQL의 시작과 끝이 왜 'SELECT 열 이름 FROM 테이블명 WHERE 조건절;'인지 이제 이해가 되요. 저 큰 틀 안에서 계속 살을 붙여 나가는 것이죠?"

이 차장이 말을 이어나갔다.

"맞아, 김 대리. 앞으로도 저 큰 틀 안에서 살을 붙이며 진도를 나갈 거야. 이번 시간에는 GROUP BY절을 사용하여 그룹별로 데이터를 요약하는 방법에 대해서 알아볼 거야. 즉, 앞서 배웠던 것에서 세분화하여 데이터를 분석하는 방법을 배우는 거지. 또 HAVING 절을 사용하여 그룹화한 데이터를 필터링하는 방법도 살펴볼 거야. 어때? 지적 호기심이 발동되는 것 같아? 그럼 시작해볼까?"

이번 시간에는 GROUP BY절을 사용하여 그룹별로 데이터를 요약하는 방법에 대해서 배워볼 거야.

	영어점수	수학점수	성별
김철호	28	49	남자
이지훈	68	98	남자
강영수	87	87	여자
성은영	65	78	여자

성별	영어점수	수학점수
남자	28	735
여자	68	825

Structured Query Language

데이터의 그룹화

GROUP BY절을 사용하여 데이터를 그룹화하는 방법을 알아보자.

문법

01. 열 이름으로 그룹화

SELECT 그룹화할 열 이름1, 그룹화할 열 이름2, 집계 함수
FROM 테이블명
WHERE 조건절
GROUP BY 열 이름1, 열 이름2;

> 이차장's tip
> 집계 함수를 제외한 SELECT문의 모든 열은 GROUP BY절에 있어야 해.

02. 열 위치로 그룹화

SELECT 그룹화할 열 이름1, 그룹화할 열 이름2, 집계 함수
FROM 테이블명
WHERE 조건절
GROUP BY 1, 2;

> 이차장's tip
> ORDER BY절이 열 위치를 지정해서 정렬했던 것과 같이 GROUP BY절도 열 위치를 지정해서 그룹화할 수 있어.

그룹화하면 데이터를 논리적 집합으로 나누어서 데이터의 특성을 요약할 수 있다. 다음 페이지에 있는 CLASS_SCORE 테이블을 단순히 집계 함수만 사용해서 요약한다면 〈표 9-1〉의 값이 나올 것이다. 반면 GROUP BY절을 사용하여 데이터를 성별로 그룹화한다면 〈표 9-2〉와 같이 성별에 따른 차이를 좀 더 자세히 살펴볼 수 있다. 참고로 GROUP BY GENDER는 열의 위치를 사용한 GROUP BY 1로 바꿔서 사용할 수도 있다. 두 가지 모두 집계 함수를 사용하여 데이터를 요약한다는 공통점이 있지만 GROUP BY를 사용하면 집단 간 차이를 좀 더 자세히 볼 수 있는 것이다.

● CLASS_SCORE 테이블

	ENG	MATH	GENDER
김필호	28	49	남자
이치훈	68	98	남자
김영숙	87	87	여자
성은영	65	78	여자

집계 함수만 사용해서 요약	GROUP BY 사용해서 요약

SELECT AVG(ENG) AS ENG_SCORE,
        AVG(MATH) AS MATH_SCORE
FROM CLASS_SCORE;
	SELECT GENDER,
	        AVG(ENG) AS ENG_SCORE,
	        AVG(MATH) AS MATH_SCORE
	FROM CLASS_SCORE
	GROUP BY GENDER;

ENG_SCORE	MATH_SCORE
62	78

〈표 9-1〉

GENDER	ENG_SCORE	MATH_SCORE
남자	48	73.5
여자	76	82.5

〈표 9-2〉

● 2013년12월 고객별보유상품 테이블: PPC_201312

고객ID	고객등급	카드상품 보유 여부	대출상품 보유 여부	보험상품 보유 여부	수신상품 보유 여부	펀드상품 보유 여부	연 수익
CUST_ID	SEG	CARD_ FLG	LOAN_ FLG	INSURANCE_ FAG	CTB_ FLG	FUND_ FLG	ANNL_ REV
54615	SILVER	1	1	1	1	1	1,000
46780	GOLD	0	0	1	1	0	20,000
23748	GOLD	1	1	0	1	1	30,000
56432	DIAMOND	1	0	1	1	1	100,000
89647	SILVER	0	0	1	1	0	3,000
52333	SILVER	1	1	0	1	0	2,500
89669	GOLD	1	0	1	1	0	60,000
21004	SILVER	0	0	1	1	0	1,000
17890	DIAMOND	1	1	0	1	1	300,000

➕ PPC_201312 테이블의 기본 키(PRIMARY KEY)는 CUST_ID이다.

01. PPC_201312 테이블을 사용하여 고객등급별 인당 평균 연 수익을 계산해보자
(GROUP BY).

힌트 ▶ GROUP BY를 사용한다.

실행결과 ▼

SEG	ANNL_REV
DIAMOND	200,000
GOLD	36,667
SILVER	1,875

정답 ▼

```
SELECT SEG, AVG(ANNL_REV) AS ANNL_REV
FROM PPC_201312
GROUP BY SEG;
```
·············· 또는 ··············
```
SELECT SEG, AVG(ANNL_REV) AS ANNL_REV
FROM PPC_201312
GROUP BY 1;
```

02. PPC_201312 테이블을 사용하여 고객등급별 고객 수와 해당 등급별 카드 보유 여
부를 확인해보자(GROUP BY).

힌트 ▶ GROUP BY를 사용한다.

실행결과 ▼

SEG	CNT	CARD_FLG
DIAMOND	2	2
GOLD	3	2
SILVER	4	2

정답 ▼

```
SELECT SEG, COUNT(*) AS CNT,
       SUM(CARD_FLG) AS CARD _FLG
FROM PPC_201312
GROUP BY SEG;
```
·············· 또는 ··············
```
SELECT SEG, COUNT(*) AS CNT,
       SUM(CARD_FLG) AS CARD _FLG
FROM PPC_201312
GROUP BY 1;
```

03. PPC_201312 테이블을 사용하여 카드상품과 대출상품 보유 간의 관계를 알아보자
(GROUP BY).

힌트 ▶ GROUP BY 1, 2를 사용한다.

CARD_FLG	LOAN_FLG	CNT
0	0	3
1	0	2
1	1	4

정답 ▶
```
SELECT CARD_FLG, LOAN_FLG, COUNT(*) AS CNT
FROM PPC_201312
GROUP BY CARD_FLG, LOAN_FLG;
```
·············· 또는 ··············
```
SELECT CARD_FLG, LOAN_FLG, COUNT(*) AS CNT
FROM PPC_201312
GROUP BY 1, 2;
```

알아두면 유용한 지식~!

- 원하는 열을 GROUP BY절에 포함할 수 있다. GROUP BY절에 포함되는 열이 한 개씩 증가할수록 차원(Dimension)이 한 개씩 증가하고 좀 더 세부적으로 데이터를 분석할 수 있다.
- GROUP BY절은 WHERE 조건절 뒤에 위치하고, ORDER BY절 앞에 위치한다. 즉, ORDER BY절은 항상 문장의 마지막에 위치하는 것이다.

```
【예시】
SELECT SEG, COUNT(*) AS CNT, SUM(CARD_FLG) AS CARD_FLG
FROM PPC_201312
GROUP BY SEG
ORDER BY SEG ;
```

- 그룹화될 열에 NULL값을 포함할 경우 NULL값도 그룹화된다. NULL값을 여러 개 포함하고 있을 경우 하나의 NULL값으로 그룹화된다.

그룹화된 데이터의 필터링

02

HAVING절을 사용하여 데이터를 필터링하는 방법을 알아보자.

01. 그룹화 데이터 필터링하기

SELECT 그룹화할 열 이름1, 집계 함수
FROM 테이블명
WHERE 조건절
GROUP BY 열 이름1
HAVING 집계 함수 조건;

> 이차장's tip
> HAVING은 WHERE 조건절과 마찬가지로 조건을 주는 역할을 하지. 차이는 HAVING은 그룹화된 변수에 대해 조건을 준다는 점이야.

HAVING 통 ~을 가진, ~을 충족한

SQL 문장 풀이 '특정한 테이블에서 특정한 조건을 만족하는 데이터를 추출한 후 특정한 조건을 만족한 그룹화된 특정 열 및 집계 함수를 나타내라'는 뜻이다. 그룹화된 변수에 특정한 조건을 줄 경우 HAVING을 사용한다.

앞서 우리는 WHERE 조건절에 대해서 살펴보았다. 무수히 많은 데이터에서 원하는 행만 보고 싶을 때 WHERE 조건절을 사용했다. 행이 아닌 그룹화된 변수에 대해 필터링할 경우에는 HAVING을 사용한다. 구체적으로 예를 들어보자. 다음 테이블(PROD_SALES)은 고객구매 테이블이다. LEE라는 고객은 제품 546과 890 두 개를 구매했음을 알 수 있다. 5만원 이상의 제품을 구입한 이력이 있는 고객을 찾으려면 이는 행에 대한 조건이므로 'SELECT * FROM PROD_SALES WHERE SALES_AMT>=50000;'를 입력하면 된다. 하지만 총 구매금액 합계가 5만원 이상인 고객을 필터링하려면 그룹화된 변수에 조건을 주어야 한다. 따라서 'SELECT CUST, SUM(SALES_AMT) AS SALES_AMT FROM PROD_SALES GROUP BY CUST HAVING SUM(SALES_AMT)>=50000;'이라는 SQL 문장을 실행하여 고객별 총 구입금액이 5만원 이상인 고객들만 필터링할 수 있다.

● 고객구매 테이블: PROD_SALES

고객 이름	제품 코드	구매금액
CUST_NM	PRD_ID	SALES_AMT
LEE	546	3,000
KIM	324	4,780
KANG	564	87,900
KWON	556	45,478
KIM	254	3,000
YOO	567	78,900
PARK	877	89,787
LEE	890	10,000
KIM	787	2,341
PARK	566	50,000

➕ PROD_SALES 테이블의 기본 키(PRIMARY KEY)는 PRD_ID이다.

01. 구매횟수가 두 번 이상인 고객에게 마케팅을 하려고 한다. 마케팅 대상자는 누구일까(HAVING 사용하기)?

힌트 ▶ GROUP BY/HAVING 키워드를 사용한다.

실행결과 ▼

CUST_NM	CNT
KIM	3
LEE	2
PARK	2

정답 ▶
```
SELECT CUST_NM, COUNT(*) AS CNT
  FROM PROD_SALES
 GROUP BY 1
HAVING COUNT(*) > 1;
```

02. 구매금액의 합이 7만원 이상인 고객에게 마케팅을 하려고 한다. 마케팅 대상자는 누구일까(HAVING 사용하기)?

힌트 ▶ GROUP BY/HAVING 키워드를 사용한다.

실행결과 ▼

CUST_NM	SALES_AMT
KANG	87,900
PARK	139,787
YOO	78,900

정답 ▶
```
SELECT CUST_NM, SUM(SALES_AMT) AS SALES_AMT
  FROM PROD_SALES
 GROUP BY CUST_NM
HAVING SUM(SALES_AMT) >= 70000;
```

03. 구매금액의 평균이 7만원 이상인 고객에게 마케팅을 하려고 한다. 마케팅 대상자는 누구일까(HAVING 사용하기)?

힌트 ▶ GROUP BY/HAVING 키워드를 사용한다.

실행결과 ▼

CUST_NM	SALES_AMT
KANG	87,900
YOO	78,900

정답 ▶
```
SELECT CUST_NM, AVG(SALES_AMT) AS SALES_AMT
  FROM PROD_SALES
 GROUP BY CUST_NM
HAVING AVG(SALES_AMT) >= 70000;
```

- 그룹화 필터링 후 데이터를 정렬할 때 ORDER BY절을 사용할 수 있다. ORDER BY절을 HAVING절과 함께 사용할 경우 문장의 순서는 다음과 같다. 앞서 언급했듯이 ORDER BY절은 항상 문장의 마지막에 사용된다는 점을 기억하고 있다면 다음 문장 순서를 자연스럽게 받아들일 수 있을 것이다.

```
SELECT 열 이름
FROM 테이블명
WHERE 조건절(개별 행에 대한 필터링)
GROUP BY 열 이름
HAVING 조건(그룹화된 변수에 대한 필터링)
ORDER BY 열 이름;
```

- WHERE 조건절의 조건은 데이터가 그룹화되기 전에 필터링하고, HAVING절의 조건은 데이터가 그룹화된 후에 필터링한다. WHERE 조건절에 의해 제외된 행은 그룹화할 때도 제외되기 때문에 HAVING절의 고려 대상이 아니다. 즉, WHERE 조건절에 의해 1차 필터링된 대상을 그룹화하여 HAVING절이 2차 필터링하는 것이다. 다음 문장을 실행하면 데이터 필터링 순서는 다음과 같다.

```
SELECT CUST_NM, SUM(SALES_AMT) AS SALES_TOT
FROM PROD_SALES
WHERE SALES_AMT >= 50000
GROUP BY CUST_NM
HAVING SUM(SALES_AMT) >= 100000;
```

1단계 WHERE 조건절 데이터 필터링

CUST_NM	PRD_ID	SALES_AMT
KANG	564	87,900
YOO	567	78,900
PARK	877	89,787
PARK	566	50,000

2단계 HAVING절 조건 필터링

CUST_NM	SALES_TOT
PARK	139,787

● 2013년12월 고객계좌별수익 테이블: PPC_MAST_201312

| 주민등록번호 | 계좌번호 | 종별 코드 | 수익 | 잔액 |
SSN	ACCT_NO	ACCT_CD	PRFT	BALANCE_AMT
7802221111111	22033	130	504	56,746
8307153333444	54412	110	585	23,540
5605099999222	65433	340	213	987,800
8012301111333	58721	320	780	310,000
6711032222111	23422	120	5679	3
8910103333222	89811	310	240	40,011
7802221111111	78022	100	899	4,565,000
6711032222111	35714	300	3780	2,545,640
8910103333222	68740	310	233	522,312
5605099999222	96870	330	7000	2,158
7802221111111	89770	140	1000	566,600
6711032222111	33270	130	5600	68,770
7802221111111	87890	340	1270	5,500,000

구분	ACCT_CD
수신	100
	110
	120
	130
	140
여신	300
	310
	320
	330
	340

➕ PPC_MAST_201312 테이블의 기본 키(PRIMARY KEY)는 SSN, ACCT_NO이다.

김 대리, 대학교 시절 회계학(Accounting) 과목에서 대차대조표(B/S: Balance Sheet)에 대해서 공부한 적 있지? 대차대조표 개념을 한 번 리뷰해볼까? 대차대조표는 일정 시점에서 기업의 재정 상태를 나타낸 표로, 크게 자산, 부채, 자본 항목으로 나뉘지. 기업이 미래의 경제적 효용을 제공할 때 이것을 자산이라고 부르지. 자산 구입은 크게 두 가지 방법으로 할 수 있어. 첫 번째는 남에게 빌려서 자산을 구입하는 것이고, 두 번째는 자기 돈으로 자산을 구입하는 거야. 남에게 빌려서 자산을 구입하는 것은 부채이고, 자기 돈으로 자산을 구입하는 것은 자본이라고 하지. 금융기관에서 자산은 여신, 즉 대출해준 돈이고 부채는 수신, 즉 고객들이 예치해둔 돈이야. 이 개념은 아주 중요하니까 꼭 숙지해야 해. PPC_MAST_201312는 2013년 12월을 기준으로 A 은행에 거래하고 있는 고객들의 계좌번호, 종별코드와 이익을 나타낸 테이블이지. 그럼 2013년 12월 A 은행의 자산과 부채가 어떻게 되는지 설명해볼래?

결과 ▼

BALANCE_SHEET	TOTAL_BALANCE_AMT
ASSET	9,907,921
LIABILITY	5,280,659

CASE WHEN 조건문을 사용하여 자산과 부채로 나눈 후 그룹화하고 잔액을 더해 위의 표를 산출할 수 있었어요. 자산은 9,907,921원, 부채는 5,280,659원입니다.

정답 ▼

```
SELECT CASE WHEN ACCT_CD IN (100, 110, 120, 130,
                 140) THEN 'LIABILITY'
            WHEN ACCT_CD IN (300, 310, 320, 330,
                 340) THEN 'ASSET'
       END AS BALANCE_SHEET,
       SUM(BALANCE_AMT) AS total_BALANCE_AMT
FROM PPC_MAST_201312
GROUP BY 1
ORDER BY 1;
```

김 대리, PPC는 Product per Customer의 줄임말로, 고객당 가입상품을 의미하지. 기업을 경영하는 입장에서는 PPC가 많을수록 고객과의 관계를 심화할 수 있고 더 많은 세일즈 기회를 찾을 수 있어서 좋아. 그럼 현재 고객들의 PPC를 계산해볼래?

결과 ▼

SSN	PPC
5605099999222	2
6711032222111	3
7802221111111	4
8012301111333	1
8307153333444	1
8910103333222	2

GROUP BY와 COUNT 연산자를 사용하면 쉽게 구할 수 있어요.

정답 ▼

```
SELECT SSN, COUNT(*) AS PPC
FROM PPC_MAST_201312
GROUP BY 1
ORDER BY 1;
```

PPC가 3개 이상인 고객들을 대상으로 새로운 프로모션의 DM을 발송할 거야. 해당 고객의 리스트를 추출해볼래?

결과 ▼

SSN	PPC
6711032222111	3
7802221111111	4

그룹화된 변수에 조건을 주는 HAVING절을 사용하면 쉽게 구할 수 있어요.
총 2명의 고객에게 DM을 발송하면 됩니다.

정답 ▼

```
SELECT SSN,
       COUNT(*) AS PPC
FROM PPC_MAST_201312
GROUP BY 1
HAVING COUNT(*) >= 3
ORDER BY 1;
```

04

고객들의 PPC와 총 수익을 한눈에 보고 싶다면 어떻게 테이블을 표현해야
할까?

SSN	PPC	PRFT
5605099999222	2	7,213
6711032222111	3	15,059
7802221111111	4	3,673
8012301111333	1	780
8307153333444	1	585
8910103333222	2	473

주민등록번호를 기준으로 그룹화한 후에 집계 함수를 통해 PPC와 수익을
요약할 수 있어요.

정답 ▼

```
SELECT SSN,
       COUNT(*) AS PPC,
       SUM(PRFT) AS PRFT
FROM PPC_MAST_201312
GROUP BY 1
ORDER BY 1;
```

테이블 합치기

하나의 테이블에서는 원하는 데이터를 모두 검색할 수 없는 경우가 많다. 이러한 경우 두 개 이상의 테이블을 논리적으로 결합해서 데이터를 필터링하고 원하는 결과값을 출력할 수 있다. 테이블을 열로서 합치거나 행으로서 합치는 두 가지 경우에 대해서 배워볼 것이다.

Story

인문학도 김 대리, 두 개 이상의 테이블을 합치는
데이터 분석 방법을 배우다

장 부장은 아침 일찍 출근해서 SQL문을 공부하고 있는 김 대리에게 다가왔다.

"김 대리, 아침부터 부지런히 공부하고 있네? 김 대리에게 본격적으로 일을 줄 날도 얼마
안 남았겠군. 내가 더 지원해 줄 것은 없을까?"

김 대리가 자신 있게 대답했다.

"이 차장님 도움으로 너무 잘 배우고 있습니다. 조금 더 배워야 하겠지만 부장님께서 주신
숙제를 해결할 날이 곧 올 것 같습니다. 지원은…… 커피 한 잔 사주시면 더 열심히 일하
겠습니다."

김 대리의 반응에 장 부장은 웃으며 이야기했다.

"하하하하. 좋아, 김 대리. 내가 카드 줄테니까 오늘 부서원 전부에게 커피 돌리도록 해."

이렇게 커피를 마시고 이 차장과 김 대리는 SQL 공부를 시작했다.

"이 차장님, 질문이 있습니다. 처음에 관계형 데이터베이스에 대해 공부할 때 서버 공간

오늘은 테이블 간의
유기적인 관계를 통해 데이터를
효율적으로 분석하는 방법에
대해서 배워볼 거야.

고객아이디	집주소1	집주소2
5465	서울시 강남구 역삼동	111-11
2354	서울시 종로구 공평동	222-22
5410	서울시 중구 서소문동	333-33

+

고객아이디	휴대폰번호
5465	010-1111-1111
2354	010-2222-2222
5410	010-3333-3333

고객아이디	집주소1	집주소2	휴대폰번호
5465	서울시 강남구 역삼동	111-11	010-1111-1111
2354	서울시 종로구 공평동	222-22	010-2222-2222
5410	서울시 중구 서소문동	333-33	010-3333-3333

및 관리의 효율성과 보안성 등의 이유로 테이블을 여러 개의 영역에 쪼개서 보관한다고 배웠습니다. 지금까지는 한 개의 테이블에 대한 데이터 분석 방법을 배웠는데 두 개 이상의 테이블을 이용해서 데이터를 분석하는 방법은 언제 배우나요?"

흡족해 하며 이 차장이 말을 이어나갔다.

"김 대리, 지금까지 아주 잘 따라오고 있는데? 맞았어. 관계형 데이터베이스하에서는 데이터가 여러 테이블에 나뉘어서 저장되어 있고, 공통된 열 이름으로 서로 조인(Join)할 수 있어. 다양한 테이블에서 공통된 키(KEY)값으로 서로 조인하여 원하는 데이터를 출력하는 것은 SQL문의 가장 강력한 기능 중 하나이지. 데이터는 열로 합칠 수도 있고 행으로도 합칠 수 있어. 오늘은 테이블 간의 유기적인 관계를 통해 데이터를 효율적으로 분석하는 방법을 배워보도록 하자."

열(Column) 합치기

두 개 이상의 테이블을 합쳐서 하나의 테이블로 만드는 방법을 알아보자.

■ 내부 조인

01. FROM/WHERE를 사용

```
SELECT 테이블명1.열 이름1, 테이블명2.열 이름2
FROM 테이블명1, 테이블명2
WHERE 테이블명1.KEY=테이블명2.KEY;
```

> 이차장's tip
> 내부 조인은 두 테이블의 키값이 매칭될 경우 선택된 모든 열을 나타내지.

02. FROM/WHERE와 별칭을 사용

```
SELECT 별칭1.열 이름1, 별칭2.열 이름2
FROM 테이블명1 (AS) 별칭1, 테이블명2 (AS) 별칭2
WHERE 별칭1.KEY=별칭2.KEY;
```

> 이차장's tip
> 위와 동일하지만 한 가지 차이는 테이블 이름에 새롭게 별칭을 주었다는 점이지. 참고로 오라클을 포함한 몇몇 DBMS는 테이블명 별칭을 줄 때 AS 키워드가 지원되지 않으므로 AS를 빼고 테이블 별칭을 설정해야 해.

03. INNER JOIN을 사용

```
SELECT 테이블명1.열 이름1, 테이블명2.열 이름2
FROM 테이블명1 INNER JOIN 테이블명2
ON 테이블명1.KEY=테이블명2.KEY;
```

> 이차장's tip
> INNER JOIN을 사용하여 두 테이블을 합칠 수 있어. ON 뒤에 두 테이블의 연결고리가 되는 키값을 적으면 돼.

04. INNER JOIN과 별칭을 사용

```
SELECT 별칭1.열 이름1, 별칭2.열 이름2
FROM 테이블명1 (AS) 별칭1 INNER JOIN 테이블명2 (AS) 별칭2
ON 별칭1.KEY=별칭2.KEY;
```

>
> 이차장's tip
> INNER JOIN을 사용하는 문법과 동일한데 한 가지 차이는 테이블에 별칭을 주었다는 점이지. 방금 언급했던 것처럼 오라클을 포함한 몇몇 DBMS는 테이블명 별칭을 줄 때 AS 키워드가 지원되지 않으므로 AS를 빼고 테이블 별칭을 설정해야 해.

내부 조인은 다음 페이지의 이미지처럼 교집합이라고 생각하면 된다. 즉, 두 테이블에 공통으로 존재하는 키값이 되는 모든 행을 나타낸다. 다음 페이지의 테이블들을 살펴보도록 하자. 한쪽은 고객의 주소가 있는 ADDR 테이블이고, 다른 한쪽은 고객의 휴대폰번호가 저장되어 있는 MOBILE 테이블이다. 이 두 테이블의 CUST_ID를 키값으로 내부 조인하려면 SQL 문장을 어떻게 작성해야 할까? 아래의 문장들은 모두 같은 의미로, 결과값이 동일하다. 두 테이블에 공통적으로 있는 고객은 CUST_ID가 5465, 2354인 고객들이므로 내부 조인을 사용하면 이 두 고객이 속한 데이터가 모두 출력된다.

【방법 ❶】 와일드카드 *를 사용하기

```
SELECT TMP1.*, TMP2.MOBILE_NO
FROM ADDR AS TMP1, MOBILE AS TMP2
WHERE TMP1.CUST_ID = TMP2.CUST_ID;
```

【방법 ❷】 AS를 사용하여 별칭 주기

```
SELECT TMP1.CUST_ID, TMP1.HOME_ADDR1, TMP1.HOME_ADDR2, TMP2.
       MOBILE_NO
FROM ADDR AS TMP1, MOBILE AS TMP2
WHERE TMP1.CUST_ID = TMP2.CUST_ID;
```

【방법 ❸】 AS를 사용하지 않고 별칭 주기

```
SELECT TMP1.CUST_ID, TMP1.HOME_ADDR1, TMP1.HOME_ADDR2, TMP2.
       MOBILE_NO
FROM ADDR TMP1, MOBILE TMP2
WHERE TMP1.CUST_ID = TMP2.CUST_ID;
```

【방법 ❹】 INNER JOIN을 사용하기

```
SELECT TMP1.CUST_ID, TMP1.HOME_ADDR1, TMP1.HOME_ADDR2, TMP2.
       MOBILE_NO
FROM ADDR AS TMP1 INNER JOIN MOBILE AS TMP2
ON TMP1.CUST_ID = TMP2.CUST_ID;
```

```
SELECT ADDR.*, MOBILE.MOBILE_NO
FROM ADDR INNER JOIN MOBILE
ON ADDR.CUST_ID = MOBILE.CUST_ID;
```

이처럼 같은 결과를 다양한 방법으로 나타낼 수 있다. 키값을 매칭시킬 때 'ON ADDR.CUST_ID=MOBILE.CUST_ID' 혹은 'WHERE TMP1.CUST_ID=TMP2. CUST_ID'와 같이 CUST_ID 앞에 각각의 테이블명 혹은 별칭을 붙인 이유는 DBMS에 각 테이블의 열 이름을 인식시켜주기 위함이다. 참고로 테이블에 별칭을 사용하지 않은 방법 ❺의 경우 필요 이상의 타이핑으로 오류가 날 가능성이 많아진다. 별칭을 주면 이러한 오류도 줄이고 조인하는 테이블이 여러 개일 경우 쉽게 인식할 수 있는 장점도 있다. 자세한 사용법은 CUSTOMERS, ORDERS 테이블을 사용한 예제를 통해 알아보자.

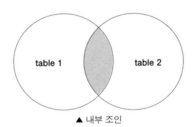

▲ 내부 조인

● 고객주소 테이블: ADDR

CUST_ID	HOME_ADDR1	HOME_ADDR2
5465	서울시 강남구 역삼동	111-11
2354	서울시 종로구 공평동	222-22
5410	서울시 중구 서소문동	333-33

● 고객휴대폰번호 테이블: MOBILE

CUST_ID	MOBILE_NO
5465	010-1111-1111
2354	010-2222-2222

CUST_ID	HOME_ADDR1	HOME_ADDR2	MOBILE_NO
5465	서울시 강남구 역삼동	111-11	010-1111-1111
2354	서울시 종로구 공평동	222-22	010-2222-2222

▲ 내부 조인을 한 테이블

● 고객원장 테이블: CUSTOMERS

| 고객아이디 | 고객이름 | 고객집전화 |
CUST_ID	CUST_NM	HOME_TEL
5464	JH KIM	02-333-1111
6570	LY KIM	031-111-1133
8780	AR KIM	032-998-5555
5632	KK LEE	02-6677-8888
2445	HJ WANG	055-4444-5666
3210	HH AN	031-888-0111
2596	DK SUNG	02-113-3331

➕ CUSTOMERS 테이블의 기본 키(PRIMARY KEY)는 CUST_ID이다.

● 주문 테이블: ORDERS

| 주문번호 | 고객아이디 | 판매직원아이디 | 주문일 |
ORDER_ID	CUST_ID	EMP_ID	ORDER_DT
10000	2596	23480	2013-12-06
10001	5464	16780	2013-11-01
10002	3210	63278	2014-03-02
10003	2445	15501	2014-02-23
10004	5632	15687	2013-11-13

➕ ORDERS 테이블의 기본 키(PRIMARY KEY)는 ORDER_ID이다.

● 직원정보 테이블: EMPLOYEE

| 직원아이디 | 직급 | 이름 | 내선번호 |
EMP_ID	GRADE	NM	TELNO
15501	8	YK MO	5740
15687	8	SS CHANG	5547
16780	5	HY YOO	2327
63278	7	JW PARK	2304
87871	7	SW HONG	2367
23578	6	JI CHOI	4654
32480	6	JM CHA	1270
23480	5	KE LEE	5466

➕ EMPLOYEE 테이블의 기본 키(PRIMARY KEY)는 EMP_ID이다.

01. CUSTOMERS와 ORDERS 테이블을 이용하여 주문이력이 있는 고객아이디, 고객이름, 주문번호를 나타내보자(두 개 테이블 내부 조인).

힌트 ▶ CUST_ID를 키값으로 테이블을 연결하면 된다.

실행결과 ▼

CUST_ID	CUST_NM	ORDER_ID
2596	DK SUNG	10000
5464	JH KIM	10001
3210	HH AN	10002
2445	HJ WANG	10003
5623	KK LEE	1004

【방법 ❶】 SELECT/FROM/WHERE 조건절 사용하기

정답 ▶
```
SELECT TMP1.CUST_ID, TMP1.CUST_NM, TMP2.ORDER_ID
FROM CUSTOMERS TMP1, ORDERS TMP2
WHERE TMP1.CUST_ID = TMP2.CUST_ID;
```

【방법 ❷】 INNER JOIN 사용하기

정답 ▶
```
SELECT TMP1.CUST_ID, TMP1.CUST_NM, TMP2.ORDER_ID
FROM CUSTOMERS TMP1 INNER JOIN ORDERS TMP2
ON TMP1.CUST_ID = TMP2.CUST_ID;
```

【방법 ❸】 테이블 연결 순서 변경하기

정답 ▶
```
SELECT TMP2.CUST_ID, TMP2.CUST_NM, TMP1.ORDER_ID
FROM ORDERS TMP1 INNER JOIN CUSTOMERS TMP2
ON TMP1.CUST_ID = TMP2.CUST_ID;
```

【방법 ❹】 테이블 별칭 사용하지 않고 테이블 이름 사용하기

정답 ▶
```
SELECT CUSTOMERS.CUST_ID, CUSTOMERS.CUST_NM,
       ORDERS.ORDER_ID
FROM CUSTOMERS INNER JOIN ORDERS
ON CUSTOMERS.CUST_ID = ORDERS.CUST_ID;
```

02. CUSTOMERS, ORDERS, EMPLOYEE 테이블을 이용하여 주문이력이 있는 고객아이디, 고객이름, 주문번호, 판매직원아이디 및 판매직원이름을 나타내보자(두 개 이상 테이블 내부 조인).

힌트 ▶ CUST_ID, EMP_ID를 키값으로 테이블을 연결하면 된다.

실행결과 ▼

CUST_ID	CUST_NM	ORDER_ID	EMP_ID	NM
2596	DK SUNG	10000	23480	KE LEE
5464	JH KIM	10001	16780	HY YOO
3210	HH AN	10002	63278	JW PARK
2445	HJ WANG	10003	15501	YK MO
5623	KK LEE	10004	15687	SS CHANG

【방법 ❶】 SELECT/FROM/WHERE 조건절 사용하기

정답 ▶ SELECT TMP1.CUST_ID, TMP1.CUST_NM, TMP2.ORDER_ID,
         TMP2.EMP_ID, TMP3.NM
   FROM CUSTOMERS TMP1, ORDERS TMP2, EMPLOYEE TMP3
   WHERE TMP1.CUST_ID = TMP2.CUST_ID
         AND TMP2.EMP_ID = TMP3.EMP_ID;

【방법 ❷】 INNER JOIN 사용하기

정답 ▶ SELECT TMP1.CUST_ID, TMP1.CUST_NM, TMP2.ORDER_ID,
         TMP2.EMP_ID, TMP3.NM
   FROM CUSTOMERS TMP1
         INNER JOIN ORDERS TMP2 ON TMP1.CUST_ID = TMP2.
         CUST_ID
         INNER JOIN EMPLOYEE TMP3 ON TMP2.EMP_ID =
         TMP3.EMP_ID;

- 조인 조건을 지정하지 않은 채 두 테이블을 조인하면 곱집합이 된다. 이 경우 반환되는 행의 수는 첫 번째 테이블과 두 번째 테이블의 행의 수를 곱한 수가 된다. 즉, 조인 조건을 지정하지 않은 채 다음 문장을 실행하면 총 35개 행(7*5)이 출력된다.

예시 ▼

```
SELECT TMP1.CUST_ID, TMP1.CUST_NM, TMP2.ORDER_ID
FROM CUSTOMERS TMP1, ORDERS TMP2;
```

결과 ▼

CUST_ID	CUST_NM	ORDER_ID
5464	JH KIM	10000
5464	JH KIM	10001
5464	JH KIM	10002
5464	JH KIM	10003
5464	JH KIM	10004
6570	LY KIM	10000
6570	LY KIM	10001
6570	LY KIM	10002
6570	LY KIM	10003
6570	LY KIM	10004
8780	AR KIM	10000
8780	AR KIM	10001
8780	AR KIM	10002
8780	AR KIM	10003
8780	AR KIM	10004
5632	KK LEE	10000
5632	KK LEE	10001
5632	KK LEE	10002
5632	KK LEE	10003
5632	KK LEE	10004

2445	HJ WANG	10000
2445	HJ WANG	10001
2445	HJ WANG	10002
2445	HJ WANG	10003
2445	HJ WANG	10004
3210	HH AN	10000
3210	HH AN	10001
3210	HH AN	10002
3210	HH AN	10003
3210	HH AN	10004
2596	DK SUNG	10000
2596	DK SUNG	10001
2596	DK SUNG	10002
2596	DK SUNG	10003
2596	DK SUNG	10004

■ 외부 조인

01. LEFT OUTER JOIN

SELECT 별칭1.열 이름1, 별칭2.열 이름2

FROM 테이블명1 (AS) 별칭1 LEFT (OUTER) JOIN 테이블명2 (AS) 별칭2

ON 별칭1.KEY=별칭2.KEY;

> 왼쪽 테이블을 기준으로 조인하는 방법으로, OUTER를 생략해도 무방하지. 만약 왼쪽 테이블에는 존재하지만 오른쪽 테이블에는 존재하지 않는 키값이 있다면 NULL값으로 값이 반환돼.

02. RIGHT OUTER JOIN

```
SELECT 별칭1.열 이름1, 별칭2.열 이름2
FROM 테이블명1 (AS) 별칭1 RIGHT (OUTER) JOIN 테이블명2 (AS) 별칭2
ON 별칭1.KEY=별칭2.KEY;
```

> 이차장's tip
> 오른쪽 테이블을 기준으로 조인하는 방법으로, OUTER를 생략해도 무방하지. 만약 오른쪽 테이블에는 존재하지만 왼쪽 테이블에는 존재하지 않는 키값이 있다면 NULL값으로 값이 반환돼.

03. FULL OUTER JOIN

```
SELECT 별칭1.열 이름1, 별칭2.열 이름2
FROM 테이블명1 (AS) 별칭1 FULL (OUTER) JOIN 테이블명2 (AS) 별칭2
ON 별칭1.KEY=별칭2.KEY;
```

> 이차장's tip
> FULL OUTER JOIN 키워드는 왼쪽과 오른쪽 테이블의 모든 행이 반환되지. 즉 LEFT JOIN과 RIGHT JOIN을 합쳐놓은 형태라고 할 수 있어.

1 LEFT OUTER JOIN

외부 조인에는 LEFT, RIGHT, FULL 등 크게 세 가지가 있다. LEFT OUTER JOIN 은 163쪽의 그림과 같이 왼쪽 테이블의 모든 값을 나타내고, 왼쪽 테이블을 기준으로 오른쪽 테이블을 붙이는 것을 의미한다. LEFT OUTER JOIN에서 OUTER 를 생략한 LEFT JOIN을 사용해도 동일한 결과값을 도출할 수 있다. 다음의 ADDR1, MOBILE1 테이블을 사용하여 다음 문장을 실행해보자.

```
SELECT TMP1.CUST_ID AS CUST_ID1, TMP1.HOME_ADDR1, TMP1.HOME_ADDR2,
       TMP2.CUST_ID AS CUST_ID2, TMP2.MOBILE_NO
FROM ADDR1 AS TMP1
LEFT OUTER JOIN MOBILE2 AS TMP2 ON TMP1.CUST_ID = TMP2.CUST_ID;
```

위의 문장을 실행하면 163쪽의 표(LEFT OUTER JOIN 결과값)와 같은 결과값이 나온다. 결과값에는 세 가지 특징이 나타난다.

특징 ① 왼쪽 ADDR1 테이블의 모든 값을 나타내고, 왼쪽 테이블을 기준으로 오른쪽 MOBILE1 테이블이 붙는다.

특징 ② 한 개의 키값에 두 개 이상의 값을 가지고 있으면 모든 값이 붙는다. MOBILE1 테이블에 CUST_ID가 5410인 고객의 휴대폰 번호는 2개가 있다는 것을 알 수 있다. LEFT OUTER JOIN을 통해 합쳐진 테이블에는 두 개의 번호 모두 나타난다는 것을 알 수 있다.

특징 ③ 왼쪽 테이블의 키값을 기준으로 오른쪽 테이블의 키값이 존재하지 않는다면, NULL값으로 처리된다. 예를 들어 LEFT OUTER JOIN을 통해 합쳐진 테이블에서 CUST_ID가 6511인 고객의 MOBILE_NO는 NULL값으로 처리되었음을 볼 수 있다.

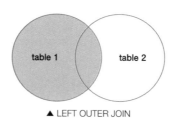

▲ LEFT OUTER JOIN

● 고객주소 테이블1: ADDR1

CUST_ID	HOME_ADDR1	HOME_ADDR2
5465	서울시 강남구 역삼동	111-11
2354	서울시 종로구 공평동	222-22
5410	서울시 중구 서소문동	333-33
6511	서울시 송파구 문정동	444-44

● 고객휴대폰 테이블1: MOBILE1

CUST_ID	MOBILE_NO
5465	010-1111-1111
2354	010-2222-2222
5410	010-3333-3333
5410	010-7777-7777
7979	010-7979-7979

CUST_ID1	HOME_ADDR1	HOME_ADDR2	CUST_ID2	MOBILE_NO
5465	서울시 강남구 역삼동	111-11	5465	010-1111-1111
2354	서울시 종로구 공평동	222-22	2354	010-2222-2222
5410	서울시 중구 서소문동	333-33	5410	010-3333-3333
5410	서울시 중구 서소문동	333-33	5410	010-7777-7777
6511	서울시 송파구 문정동	444-44		

▲ LEFT OUTER JOIN 결과값

② RIGHT OUTER JOIN

RIGHT OUTER JOIN은 LEFT OUTER JOIN과 비슷한 개념이다. RIGHT OUTER JOIN에서 OUTER를 생략한 RIGHT JOIN을 사용해도 동일한 결과가 나타난다. RIGHT OUTER JOIN은 다음 그림과 같이 오른쪽 테이블을 기준으로 왼쪽 테이블을 붙이는 것을 의미한다. 즉, 오른쪽 테이블의 모든 행의 값이 출력되고, 왼쪽 테이블은 오른쪽 테이블에 있는 값만 나타낸다. ADDR1, MOBILE1 테이블을 사용하여 다음 문장을 실행해보자.

```
SELECT TMP1.CUST_ID AS CUST_ID1, TMP1.HOME_ADDR1, TMP1.HOME_ADDR2,
       TMP2.CUST_ID AS CUST_ID2, TMP2.MOBILE_NO
FROM ADDR1 AS TMP1
RIGHT OUTER JOIN MOBILE2 AS TMP2 ON TMP1.CUST_ID = TMP2.CUST_ID;
```

위의 문장을 실행하면 165쪽의 표(RIGHT OUTER JOIN 결과값)와 같은 결과값이 나온다. 결과값에는 세 가지 특징이 나타난다.

특징 ❶ 오른쪽 MOBILE1 테이블의 모든 값을 나타내고, 오른쪽 테이블을 기준으로 왼쪽 ADDR1 테이블이 붙는다.

특징 ❷ 한 개의 키값에 두 개 이상의 값을 가지고 있으면 모든 값이 붙는다. MOBILE1 테이블에 CUST_ID가 5410인 고객의 휴대폰 번호는 2개가 있다는 것을 알 수 있다. RIGHT OUTER JOIN을 통해 합쳐진 테이블에는 두 개의 번호 모두 나타난다는 것을 알 수 있다.

특징 ❸ 오른쪽 테이블의 키값을 기준으로 왼쪽 테이블의 키값이 존재하지 않는다면, NULL값으로 처리된다. 예를 들어 RIGHT OUTER JOIN을 통해 합쳐진 테이블에서 CUST_ID가 7979인 고객의 HOME_ADDR1, HOME_ADDR2는 NULL값으로 처리되었음을 알 수 있다.

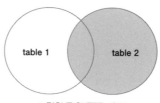

▲ RIGHT OUTER JOIN

CUST_ID1	HOME_ADDR1	HOME_ADDR2	CUST_ID2	MOBILE_NO
5465	서울시 강남구 역삼동	111-11	5465	010-1111-1111
2354	서울시 종로구 공평동	222-22	2354	010-2222-2222
5410	서울시 중구 서소문동	333-33	5410	010-3333-3333
5410	서울시 중구 서소문동	333-33	5410	010-7777-7777
			7979	010-7979-7979

▲ RIGHT OUTER JOIN 결과값

❸ FULL OUTER JOIN

FULL OUTER JOIN은 LEFT OUTER JOIN과 RIGHT OUTER JOIN을 합친 결과라고 생각하면 된다. 즉, 두 테이블의 합집합과 같으며 다음 그림과 같이 나타낼수 있다. FULL OUTER JOIN 키워드는 왼쪽 테이블과 오른쪽 테이블의 모든 열들을 나타낸다. ADDR1, MOBILE1 테이블을 사용하여 다음 문장을 실행해보자.

```
SELECT TMP1.CUST_ID AS CUST_ID1, TMP1.HOME_ADDR1, TMP1.HOME_ADDR2,
       TMP2.CUST_ID AS CUST_ID2, TMP2.MOBILE_NO
FROM ADDR1 AS TMP1
FULL OUTER JOIN MOBILE2 AS TMP2 ON TMP1.CUST_ID = TMP2.CUST_ID;
```

위의 문장을 실행하면 166쪽의 표(FULL OUTER JOIN 결과값)와 같은 결과값이 나온다.

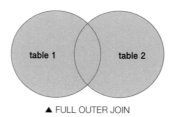

▲ FULL OUTER JOIN

CUST_ID1	HOME_ADDR1	HOME_ADDR2	CUST_ID2	MOBILE_NO
5465	서울시 강남구 역삼동	111-11	5465	010-1111-1111
2354	서울시 종로구 공평동	222-22	2354	010-2222-2222
5410	서울시 중구 서소문동	333-33	5410	010-3333-3333
5410	서울시 중구 서소문동	333-33	5410	010-7777-7777
6511	서울시 송파구 문정동	444-44		
			7979	010-7979-7979

▲ FULL OUTER JOIN 결과값

01. CUSTOMERS와 ORDERS 테이블을 이용하여 고객아이디, 고객이름, 주문번호를 나타내고 주문이력이 있는 고객은 1, 없는 고객은 0으로 표시한 후 고객아이디를 기준으로 오름차순 정렬해보자(두 개 테이블 외부 조인).

힌트 ▶ LEFT OUTER JOIN 혹은 RIGHT OUTER JOIN을 이용한다.

실행결과 ▼

CUST_ID	CUST_NM	ORDER_ID	ORDER_FLG
2445	HJ WANG	10003	1
2596	DK SUNG	10000	1
3210	HH AN	10002	1
5464	JH KIM	10001	1
5632	KK LEE	10004	1
6570	LY KIM		0
8780	AR KIM		0

정답 ▼

[방법 ❶] LEFT OUTER JOIN 사용하기

```
SELECT TMP1.CUST_ID, TMP1.CUST_NM, TMP2.ORDER_ID,
       CASE WHEN TMP2.CUST_ID IS NOT NULL THEN 1 ELSE 0
       END AS ORDER_FLG
FROM CUSTOMERS TMP1 LEFT OUTER JOIN ORDERS TMP2
ON TMP1.CUST_ID = TMP2.CUST_ID
ORDER BY 1;
```

[방법 ❷] RIGHT OUTER JOIN 사용하기

```
SELECT TMP2.CUST_ID, TMP2.CUST_NM, TMP1.ORDER_ID,
       CASE WHEN TMP1.CUST_ID IS NOT NULL THEN 1 ELSE 0
       END AS ORDER_FLG
FROM ORDERS TMP1 RIGHT OUTER JOIN CUSTOMERS TMP2
ON TMP1.CUST_ID = TMP2.CUST_ID
ORDER BY 1;
```

02. CUSTOMERS와 ORDERS 테이블을 이용하여 주문이력이 있는 고객과 없는 고객의 숫자를 알아보자(두 개 테이블 외부 조인).

힌트 ▶ 집계 함수를 이용한다.

실행결과 ▼

ORDER_FLG	CNT
1	5
0	2

정답 ▶
```
SELECT CASE WHEN TMP2.CUST_ID IS NOT NULL THEN 1
            ELSE 0 END AS ORDER_FLG,
       COUNT(*) AS CNT
FROM CUSTOMERS TMP1 LEFT OUTER JOIN ORDERS TMP2
ON TMP1.CUST_ID = TMP2.CUST_ID
GROUP BY 1;
```

03. EMPLOYEE와 ORDERS 테이블을 이용하여 직원아이디, 이름, 주문번호를 나타내고 판매실적이 있는 직원은 1, 판매실적이 없는 직원은 0으로 표기한 후 직원아이디로 오름차순 정렬해보자(두 개 테이블 외부 조인).

힌트 ▶ LEFT OUTER JOIN 혹은 RIGHT OUTER JOIN을 이용한다.

실행결과 ▼

EMP_ID	NM	ORDER_ID	SALES_FLG
15501	YK MO	10003	1
15687	SS CHANG	10004	1

16780	HY YOO	10001	1
23480	KE LEE	10000	1
23578	JI CHOI		0
32480	JM CHA		0
63278	JW PARK	10002	1
87871	SW HONG		0

정답 ▼

【방법 ①】 LEFT OUTER JOIN 사용하기

```
SELECT TMP1.EMP_ID, TMP1.NM, TMP2.ORDER_ID,
       CASE WHEN TMP2.CUST_ID IS NOT NULL THEN 1 ELSE 0
       END AS SALES_FLG
FROM EMPLOYEE TMP1
     LEFT OUTER JOIN ORDERS TMP2 ON TMP1.EMP_ID =
     TMP2.EMP_ID
ORDER BY 1;
```

【방법 ②】 RIGHT OUTER JOIN 사용하기

```
SELECT TMP2.EMP_ID, TMP2.NM, TMP1.ORDER_ID,
       CASE WHEN TMP1.CUST_ID IS NOT NULL THEN 1 ELSE 0
       END AS SALES_FLG
FROM ORDERS TMP1
     RIGHT OUTER JOIN EMPLOYEE TMP2 ON TMP1.EMP_ID =
     TMP2.EMP_ID
ORDER BY 1;
```

04. EMPLOYEE, ORDERS, CUSTOMERS 테이블을 이용하여 직원아이디, 이름, 해당 직원이 맡았던 주문번호를 나타내고 해당 주문번호와 고객아이디를 매칭시켜 고객 이름을 표기해보자(세 개 테이블 외부 조인).

힌트 ▶ EMP_ID, CUST_ID를 KEY 값으로 이용한다.

EMP_ID	NM	ORDER_ID	CUST_ID	CUST_NM
15501	YK MO	10003	2445	HJ WANG
15687	SS CHANG	10004	5632	KK LEE
16780	HY YOO	10001	5464	JH KIM
23480	KE LEE	10000	2596	DK SUNG
23578	JI CHOI			
32480	JM CHA			
63278	JW PARK	10002	3210	HH AN
87871	SW HONG			

정답 ▶
```
SELECT TMP1.EMP_ID, TMP1.NM, TMP2.ORDER_ID, TMP2.
       CUST_ID, TMP3.CUST_NM
FROM EMPLOYEE TMP1
       LEFT JOIN ORDERS TMP2 ON TMP1.EMP_ID = TMP2.
       EMP_ID
       LEFT JOIN CUSTOMERS TMP3 ON TMP2.CUST_ID =
       TMP3.CUST_ID
ORDER BY 1;
```

알아두면 유용한 지식~!

- 테이블을 통합할 때 기준이 되는 테이블을 가장 먼저 나타내면 데이터 분석이 용이하다. 앞의 예제에서 TMP1이라고 별칭을 준 부분의 공통점은 기준이 되는 테이블이 라는 것이다. 개인의 기호에 따라 다양한 형태의 테이블을 만들 수 있겠지만 TMP1이라고 별칭을 준 테이블을 기준으로 데이터를 조인하면 통합 테이블을 쉽게 만들 수 있을 뿐 아니라 데이터 분석 작업도 용이하다는 장점이 있다.
- LEFT OUTER JOIN은 WHERE 조건절에 *= 연산자를 통해 나타낼 수 있고, RIGHT OUTER JOIN은 WHERE 조건절에 =* 연산자를 사용해서 나타낼 수 있다. 다음 1번과 2번 문장은 동일한 결과를 나타낸다.

1번 ▼

```
SELECT TMP1.EMP_ID, TMP1.NM, TMP2.ORDER_ID,
       CASE WHEN TMP2.CUST_ID IS NOT NULL THEN 1 ELSE 0 END
       AS SALES_FLG
FROM EMPLOYEE TMP1 LEFT OUTER JOIN ORDERS TMP2
ON TMP1.EMP_ID = TMP2.EMP_ID
ORDER BY 1;
```

2번 ▼

```
SELECT TMP1.EMP_ID, TMP1.NM, TMP2.ORDER_ID,
       CASE WHEN TMP2.CUST_ID IS NOT NULL THEN 1 ELSE 0 END
       AS SALES_FLG
FROM EMPLOYEE TMP1, ORDERS TMP2
WHERE TMP1.EMP_ID *= TMP2.EMP_ID
ORDER BY 1;
```

ORACLE은 LEFT OUTER JOIN을 나타내는 (+)= 연산자를 지원한다. 즉, ORACLE 사용자는 다음과 같이 LEFT OUTER JOIN 키워드를 표현할 수 있다.

```
SELECT TMP1.EMP_ID, TMP1.NM, TMP2.ORDER_ID,
       CASE WHEN TMP2.CUST_ID IS NOT NULL THEN 1 ELSE 0
       END AS SALES_FLG
FROM EMPLOYEE TMP1, ORDERS TMP2
WHERE TMP1.EMP_ID (+) = TMP2.EMP_ID
ORDER BY 1;
```

- ACCESS, MY SQL 등 몇몇 DBMS에서는 FULL OUTER JOIN 키워드가 지원되지 않는다. 자세한 것은 각 DBMS의 설명서를 참고하면 되겠다.

- 테이블 대신 SELECT 구문을 사용해서 테이블을 만들 수 있다. 자세한 것은 다음 예를 살펴보면서 이해해보자. 다음 SQL 문장의 결과값은 동일하다. SUB-QUERY에 대해서 배울 때 더 자세히 설명하겠지만 테이블 전체를 합칠 수도 있고 SELECT/FROM/WHERE 구문을 사용하여 테이블 일부만 합칠 수도 있다는 점을 기억하자.

1번 ▼ 테이블 전체를 합치기

```
SELECT TMP1.EMP_ID, TMP1.NM, TMP2.ORDER_ID, TMP2.CUST_ID
FROM EMPLOYEE TMP1 LEFT OUTER JOIN ORDERS TMP2
ON TMP1.EMP_ID = TMP2.EMP_ID
ORDER BY 1;
```

2번 ▼ SELECT문을 이용하여 테이블 전체를 합치기

```
SELECT TMP1.EMP_ID, TMP1.NM, TMP2.ORDER_ID, TMP2.CUST_ID
FROM EMPLOYEE TMP1 LEFT OUTER JOIN (SELECT * FROM ORDERS)
    TMP2
ON TMP1.EMP_ID = TMP2.EMP_ID
ORDER BY 1;
```

3번 ▼ SELECT문을 이용하여 테이블 일부를 합치기

```
SELECT TMP1.EMP_ID, TMP1.NM, TMP2.ORDER_ID, TMP2.CUST_ID
FROM EMPLOYEE TMP1 LEFT OUTER JOIN (SELECT ORDER_ID, CUST_
    ID FROM ORDERS) TMP2
ON TMP1.EMP_ID = TMP2.EMP_ID
ORDER BY 1;
```

- 테이블 별칭은 필자가 사용하는 TMP1, TMP2, TMP3 등과 같이 순서 있게 사용하는 것이 좋다. 조인하는 테이블이 많을수록 복잡해지고 SQL 문장을 수정하기가 쉽지 않지만 순서가 있는 문자(예 A, B, C 혹은 T1, T2, T3 등)로 테이블 별칭을 준다면 SQL 문장이 복잡해지더라도 쉽게 수정할 수 있고 오류도 쉽게 해결할 수 있다.

- SELECT문에 출력할 열 이름을 적을 때 어느 테이블에서 참조되는 열 이름인지 나타내는 것이 좋다. SQL 문장이 길어질수록 오류를 해결하기 수월해지고 참조해야 하는 테이블이 꼭 필요한 테이블인지 확인할 수도 있기 때문이다.

행(Row) 합치기

02

두 개 이상의 테이블의 행을 합쳐서 하나의 테이블로 만드는 방법을 알아보자.

■ **UNION 연산자**

01. UNION 연산자 사용

```
SELECT 열 이름1, 열 이름2 FROM 테이블명1 WHERE 조건절
UNION
SELECT 열 이름1, 열 이름2 FROM 테이블명2 WHERE 조건절
ORDER BY 1;
```

> **이차장's tip**
> UNION은 두 개 이상의 SELECT문의 행을 합치는 역할을 하지.

UNION 〈형〉 결합, 통합

두 개 이상의 테이블의 행을 합칠 때 UNION 연산자를 사용한다. 즉, SQL의 UNION 연산자는 두 개 이상의 SELECT문의 결과값을 합치는 것이다. A와 B라는 테이블에서 일부의 데이터를 합칠 수 있고, A라는 테이블을 WHERE 조건절을 사용하여 나눈 후 일부만 합칠 수도 있다. 동일한 테이블에서 두 개 이상의 SELECT문으로 UNION 연산자를 사용할 경우는 WHERE 조건절을 사용하는 것과 크게 다르지 않다. UNION 연산자(Operator)를 사용할 때 주의할 점은 다음과 같다. 첫째, UNION 연산자로 합쳐지는 SELECT문의 열의 숫자는 반드시 동일해야 한다. 둘째, SELECT문의 각 데이터 타입은 일치해야 한다. UNION 연산자를 사용할 때는 항상 이 두 가지를 명심해야 한다. UNION 연산자는 중복되는 값이 있으면 한 가지만 표시한다. 만약 중복된 값을 모두 보여주고 싶다면 ALL 연산자를 추가하면 되는데 이것은 다음 장에서 배워보도록 하자. ORDER BY절을 사용하여 데이터를 정렬하고 싶다면 문장의 마지막에 적으면 된다. 문장의 마지막에 적으면 두 번째 SELECT문만 정렬될 것 같지만 데이터가 합쳐진 후 전체에 적용된다.

01. CUSTOMERS와 EMPLOYEE 테이블을 이용하여 직원이름과 고객이름을 합쳐서 오름차순으로 정렬해보자(UNION 연산자).

힌트 ▶ UNION 연산자를 이용한다.

실행결과 ▼

NM
AR KIM
DK SUNG
HH AN
HJ WANG
HY YOO
JH KIM
JI CHOI
JM CHA
JW PARK
KE LEE
KK LEE
LY KIM
SS CHANG
SW HONG
YK MO

정답 ▶
```
SELECT CUST_NM AS NM FROM CUSTOMERS
UNION
SELECT NM FROM EMPLOYEE
ORDER BY 1;
```

02. 예제 1번에서 CUST_NM을 NM이라고 별칭을 주지 않고 다음 문장을 실행했다면 어떤 결과값이 나왔을까(UNION 연산자)?

```
SELECT CUST_NM FROM CUSTOMERS
UNION
```

```
SELECT NM FROM EMPLOYEE
ORDER BY 1;
```

실행결과 ▼

CUST_NM
AR KIM
DK SUNG
HH AN
HJ WANG
HY YOO
JH KIM
JI CHOI
JM CHA
JW PARK
KE LEE
KK LEE
LY KIM
SS CHANG
SW HONG
YK MO

정답 ▶ 결과의 열 HEADING이 NM에서 CUST_NM으로 변경되었다. 즉, 결과의 열 HEADING은 첫 번째 문장의 열 이름으로 출력된다.

03. CUSTOMERS와 ORDERS 테이블을 이용하여 고객아이디를 합쳐서 오름차순으로 정렬해보자(UNION 연산자).

힌트 ▶ UNION 연산자를 이용한다.

실행결과 ▼

CUST_ID
2445
2596
3210

5464
5632
6570
8780

정답 ▶ SELECT CUST_ID FROM CUSTOMERS
UNION
SELECT CUST_ID FROM ORDERS
ORDER BY 1;

알아두면 유용한 지식~!

- UNION 연산자 안의 SELECT문에는 같은 열, 식, 집계 함수를 포함해야 한다.

- UNION 연산자는 두 개 이상의 SELECT 문장으로 구성된다. 만약 세 개의 SELECT 문장을 결합한다면 두 개의 UNION 연산자가 필요하다.

■ UNION ALL 연산자

01. UNION ALL 연산자 사용

```
SELECT 열 이름1, 열 이름2 FROM 테이블명1 WHERE 조건절
UNION ALL
SELECT 열 이름1, 열 이름2 FROM 테이블명2 WHERE 조건절
ORDER BY 1;
```

> **이차상's tip**
> UNION ALL 연산자는 두 개 이상의 SELECT문의 행을 합치는 역할을 하지. UNION 연산자와의 차이는 UNION ALL은 중복을 포함한 모든 값을 나타낸다는 점이야.

UNION **명** 결합, 통합

지금까지는 UNION 연산자에 대해서 배워보았다. UNION 연산자는 중복값을 허용하지 않고 두 개 이상의 SELECT문의 행을 합친다. 하지만 UNION ALL 연산자를 사용하면 중복값을 허용하고 두 개 이상의 SELECT문의 행을 합칠 수 있다. 동일한 테이블에서 값을 추출하여 UNION 연산자로 두 개의 SELECT문을 합칠 경우 WHERE 조건절을 사용하는 것과 동일한 효과를 나타낼 수 있는데 UNION ALL은 WHERE 조건절로 나타낼 수 없는 결과값을 보여준다.

01. CUSTOMERS와 ORDERS 테이블을 이용하여 중복값을 허용한 채 고객아이디를 합쳐서 오름차순으로 정렬해보자(UNION ALL 연산자).

힌트 ▶ UNION ALL 연산자를 이용한다.

실행결과 ▼

CUST_ID
2445
2445
2596
2596
3210
3210
5464
5464
5632
5632
6570
8780

정답 ▶
```
SELECT CUST_ID FROM CUSTOMERS
UNION ALL
SELECT CUST_ID FROM ORDERS
ORDER BY 1;
```

- 고객정보 테이블: CUST_PARTY

| 주민등록번호 | 고객이름 | 고객아이디 | 집전화번호 | 휴대폰번호 |
SSN	PARTY_NM	CUST_ID	TEL_NO	MOBILE_NO
5707121111000	AR KIM	5670	02-555-6678	010-1111-1111
6912081111222	SH HONG	2357	031-4456-9887	010-2222-2222
8311221111333	MK KANG	3977	051-999-8888	010-3333-3333
7105252222000	JH KIM	8988	032-333-1111	010-4444-4444
7706302222111	JH LEE	7702	033-111-3355	010-5555-5555
6508112222333	JH RYU	3574	02-6666-4444	010-6666-6666
8204073333111	YC JUNG	5670	02-2222-1111	010-7777-7777
8911293333222	JH JUN	6989	031-224-2222	010-8888-8888
9011034444111	SH LEE	5570	033-333-3333	010-9999-9999

➕ CUST_PARTY 테이블의 기본 키(PRIMARY KEY)는 SSN이다.

- 수신 테이블: RCPT_ACCT

| 주민등록번호 | 계좌번호 | 신규일 | 해지일 | 계좌잔액 |
SSN	ACCT_NO	NEW_DT	CNCL_DT	RCPT_AMT
5707121111000	578221	2012-03-26		500,000
7706302222111	687322	2011-12-22	2013-12-01	0
6508112222333	658720	2013-06-08		41,324
8204073333111	554520	2013-09-28		5,678,740
5707121111000	656421	2009-11-17		354,210
7706302222111	668721	2010-07-27		547,700
8204073333111	223620	2010-09-11		1,000,357
8204073333111	275123	2013-11-26		123,000

➕ RCPT_ACCT 테이블의 기본 키(PRIMARY KEY)는 SSN, ACCT_NO이다.

김 대리, CUST_PARTY는 고객정보 테이블이고 RCPT_ACCT는 고객수신 원장 테이블이야. 우리 회사의 수신고객에 대한 정책이 변경될 예정이어서 안내 문자를 보내야 해. 이때 그 대상이 되는 고객을 추출해볼래? 일단 LEFT OUTER JOIN을 사용해서 현재 살아있는 계좌를 가지고 있는 고객들 및 휴대폰번호를 찾아보고, 살아있는 계좌 개수를 기준으로 오름차순 정렬로 나열해봐.

결과 ▼

• TMP2 테이블 형태

SSN	CNT
5707121111000	2
6508112222333	1
7706302222111	1
8204073333111	3

• 최종결과

SSN	MOBILE_NO	CNT
5707121111000	010-5555-5555	1
6508112222333	010-6666-6666	1
7706302222111	010-1111-1111	2
8204073333111	010-7777-7777	3

이 차장님, 간단해보이지만 많은 생각을 하게 하는 퀴즈 같아요. 일단 RCPT_ACCT 테이블에는 중복된 고객 주민등록번호가 여러 개 있어서 데이터를 가다듬고 조인을 했어요. 또 살아있는 계좌만 추출해야 하기 때문에 해지일이 NULL값인 것만 추출하도록 조건을 주었어요. 결국 TMP2라는 별칭을 가진 테이블의 형태는 위와 같아요. 마지막으로 계좌가 존재하는 고객만 추리기 위해 WHERE 조건절에 추가적으로 CNT>=1이라는 조건을 주었어요.

정답 ▶
```
SELECT TMP1.SSN, TMP1.MOBILE_NO, TMP2.CNT
FROM CUST_PARTY TMP1
LEFT OUTER JOIN
(SELECT SSN, COUNT(*) AS CNT FROM RCPT_ACCT
WHERE CLCN_DT IS NULL GROUP BY 1) TMP2
ON TMP1.SSN = TMP2.SSN
WHERE CNT >= 1
ORDER BY 3;
```

김 대리, 만약 위에서 실행한 SQL문을 조금 변형하여 다음과 같은 문장을 실행할 경우 결과값은 어떻게 나올까?

예시

```
SELECT TMP1.SSN, TMP1.MOBILE_NO, TMP2.ACCT_NO
FROM CUST_PARTY TMP1
LEFT OUTER JOIN RCPT_ACCT TMP2 ON TMP1.SSN = TMP2.SSN;
```

두 개의 테이블을 바로 조인하면 한 고객이 두 개의 계좌를 가지고 있을 경우 동일한 주민등록번호와 휴대폰번호가 출력돼요. 예를 들어 주민등록번호가 5707121111000인 고객의 주민등록번호와 휴대폰번호는 두 번 출력되는 것이죠. 물론 위의 SQL 문장을 수정하면 중복을 제거할 수 있지만 문장이 복잡해지는 문제점이 발생합니다. 그러므로 테이블끼리 문장을 조인할 때는 가장 간단한 형태로 조인해야 SQL 문장이 단순해질 뿐만 아니라 DBMS에서 데이터를 처리하는 시간 또한 단축할 수 있어서 여러 면에서 효율적인 것 같아요.

정답 ▼

SSN	MOBILE_NO	ACCT_NO
5707121111000	010-1111-1111	578221
5707121111000	010-1111-1111	656421
6912081111222	010-2222-2222	
8311221111333	010-3333-3333	
7105252222000	010-4444-4444	
7706302222111	010-5555-5555	687322
7706302222111	010-5555-5555	668721
6508112222333	010-6666-6666	658720
8204073333111	010-7777-7777	554520
8204073333111	010-7777-7777	223620
8204073333111	010-7777-7777	275123
8911293333222	010-8888-8888	
9011034444111	010-9999-9999	

현재 살아있는 계좌 수가 두 개 이상이고, 모든 수신잔액의 총합이 50만원 이상인 고객에게 LMS를 보내려고 할 때 대상이 되는 고객의 주민등록번호, 이름, 휴대폰번호, 계좌 수, 수신잔액의 총합을 주민등록번호 기준으로 오름차순 정렬해볼래?

SSN	PARTY_NM	MOBILE_NO	CNT	RCPT_AMT
5707121111000	AR KIM	010-1111-1111	2	854,210
8204073333111	YC JUNG	010-7777-7777	3	6,802,097

 총 두 명의 대상자가 나왔어요.

 정답 ▶ SELECT TMP1.SSN, TMP1.PARTY_NM, TMP1.MOBILE_
NO, TMP2.CNT, TMP2.RCPT_AMT
FROM CUST_PARTY TMP1
LEFT OUTER JOIN
(SELECT SSN, COUNT(*) AS CNT, SUM(RCPT_AMT)
AS RCPT_AMT
FROM RCPT_ACCT
WHERE CLCN_DT IS NULL
GROUP BY 1) TMP2 ON TMP1.SSN = TMP2.SSN
WHERE CNT >= 2
AND RCPT_AMT >= 500000
ORDER BY 1;

하위 쿼리

지금까지 배운 내용에 하위 쿼리 개념을 응용하면 훨씬 효율적이면서 오류를 줄일 수 있고, 빠른 처리 속도로 SQL 문장을 만들 수 있다. 이번 장에서는 효율적으로 하위 쿼리를 이용하는 방법을 배워보겠다.

Story

인문학도 김 대리, 하위 쿼리를 사용하여
효율적으로 SQL 문장을 만들다

> 김 대리, 지금까지
> 기본 조건절부터 함수, 별칭
> 등등을 공부해왔었지?

> 네에.
> 영어를 해석할 때처럼
> 문장의 구조를 파악하면
> 아무리 긴 문장도 쉽게 해석이
> 가능한 것 같아요.

주어
+
동사

"김 대리, 지난 시간에는 UNION 연산자를 사용해서 행을 합치는 방법과 INNER JOIN/LEFT OUTER JOIN/RIGHT OUTER JOIN/FULL OUTER JOIN 연산자를 사용해서 열을 합치는 방법에 대해 배웠지? 그리고 DBMS에서 제공하는 함수들, CASE WHEN 조건문, 테이블 및 열 이름에 별칭 주는 방법을 살펴봤어."

김 대리가 이어서 말을 했다.

"네, 맞아요. 이 차장님이 처음부터 강조하신 SQL의 시작과 끝은 'SELECT 열 이름 FROM 테이블명 WHERE 조건절;'이라는 것의 의미를 이제 잘 알 것 같아요. 영어를 해석할 때 가장 중요한 것이 주어와 동사를 찾는 일이잖아요. 주어와 동사를 찾으면 문장의 구조가 쉽게 파악되는 것처럼 SQL 문장에서도 'SELECT 열 이름 FROM 테이블명 WHERE 조건절;'의 구조를 파악하면 아무리 긴 문장이라고 해도 쉽게 해석되는 것 같아요."

김 대리의 말에 이 차장은 흐뭇한 표정을 지었다.

"하하하, 김 대리가 큰 흐름을 잘 파악하고 있는걸. 오늘 배울 하위 쿼리란 SQL 문장 안에 포함되는 또 다른 SQL 문장을 말해. 이 하위 쿼리 개념을 사용하여 DBMS에서 다양한 조건이 필요한 데이터가 쉽고 간단하게 처리될 수 있도록 데이터를 출력하는 방법에 대해서 배워볼 거야. 하위 쿼리는 쉽게 말해 'SELECT 열 이름 FROM 테이블명 WHERE 조건절;' 안의 'SELECT 열 이름 FROM 테이블명 WHERE 조건절;'이라고 할 수 있어. 본격적으로 시작해볼까?"

하위 쿼리란 SQL 문장 안에 포함되는 또 다른 SQL 문장을 말해. 오늘은 이 하위 쿼리 개념을 사용하는 방법에 대해서 배워볼 거야.

```
SELECT SSN
       ,MIN(PARTY_NEW_DT) AS PARTY_NEW_DT
FROM CUST_PARTY
WHERE SSN IN (SELECT SSN_TAXID FROM
       LOAN_PARTY)
GROUP BY 1;
```

Structured Query Language

하위 쿼리의 이해

SQL 문장 안에 또 다른 SQL 문장을 사용하는 방법에 대해 알아보자.

■ FROM절의 하위 쿼리

01. 조건에 맞는 대상자 선정 후 요약할 때

```
SELECT 열 이름1, 열 이름 2
FROM (SELECT *
        FROM 테이블명
        WHERE 조건절) (AS) 별칭
WHERE 조건절;
```

> **이차장's tip**
> 이 방법은 조건에 맞는 대상자를 선정한 후 데이터를 요약할 때 많이 사용되는 방법이지. 테이블에 별칭을 줄 때 AS는 생략 가능해. ORACLE에서는 테이블 별칭을 줄 때 AS 키워드를 반드시 생략해야 해.

02. 테이블 조인을 할 때

```
SELECT 별칭1.열 이름1, 별칭2.열 이름2
FROM 테이블명1 (AS) 별칭1 LEFT OUTER JOIN
(SELECT 열 이름1, 열 이름 2
  FROM 테이블명2
  WHERE 조건절) (AS) 별칭2
ON 별칭1.KEY=별칭2.KEY;
```

> **이차장's tip**
> 테이블 조인을 할 때 필요한 정보만 조인할 수 있도록 고안된 방법이지.

하위 쿼리(Sub-query)란 하나의 SQL 문장에 속하는 또 다른 SQL 문장으로, 두 번 이상의 질의를 통해 얻을 수 있는 결과를 한 번의 질의로 해결할 수 있다. 하위 쿼리를 잘 사용하면 복잡한 SQL 문장도 간단히 만들 수 있고, DBMS의 데이터 처리 속도도 빠르게 향상시킬 수 있다. 실무에서 하위 쿼리를 사용할 때는 FROM절에서 크게 두 가지의 용도로 나눌 수 있다. 첫 번째는 조건에 맞는 대상자를 선정한 후 요약할 때 사용되고, 두 번째는 테이블을 조인할 때 사용된다. 첫

184   칼퇴족 김 대리는 알고 나만 모르는 SQL

번째 용도로 하위 쿼리를 사용할 때는 하위 쿼리를 작성한 후 테이블 별칭을 꼭 주어야 한다. 이때 테이블 별칭을 주지 않으면 에러가 발생한다는 점을 명심하자. 테이블 별칭을 줄 때 AS 키워드를 사용해도 되고 생략해도 된다. 단, DBMS 중 ORACLE은 테이블 별칭을 줄 때 AS 키워드를 지원하지 않는 점을 기억해야 한다. 다음 예제를 통해 자세히 살펴보도록 하자.

● 카드 테이블: CARD_ACCT

주민등록번호	카드형태 (체크카드: 8 신용카드: 1, 2)	카드 발급일	카드 해지일	유효기간	현금카드 기능	종별 코드
SSN	CC_ GRADE	ISSUE_ DT	CLOSE_ DT	VALID_ YYMM	CASH_ USE_FLG	CC_VARIETY_ CD
5707121111000	8	2012-03-26		201503	Y	11111
7706302222111	2	2011-12-22	2013-12-01	201512		44444
6508112222333	8	2013-06-08		201806	Y	11111
8204073333111	8	2013-09-28		201809	Y	22222
5707121111000	1	2009-11-17		201411		33333
7706302222111	8	2010-07-27		201407		22222
8204073333111	2	2010-09-11		201509	Y	44444
8204073333111	1	2013-11-26		201811		33333

CC_VARIETY_CD	설명
11111	이기자카드
22222	지키자카드
33333	SQL카드
44444	행복한카드

✚ CARD_ACCT 테이블의 기본 키(PRIMARY KEY)는 SSN, CC_GRADE이다.

01. CARD_ACCT 테이블과 10장의 CUST_PARTY 테이블을 이용하여 현재 살아있는 신용카드 보유 고객과 미보유 고객의 수를 나타내보자(조건에 맞는 데이터 추출 후 요약하기).

힌트 ▶ LEFT OUTER JOIN 문장을 이용한다.

실행결과 ▼

CC_HOLDER	SNT
O	2
X	7

정답 ▶
```
SELECT CASE WHEN TMP2.SSN IS NOT NULL TEHN 'O'
                ELSE 'X' END AS CC_HOLDER,
       SUM(CASE WHEN TMP2.SSN IS NOT NULL TEHN 1
       ELSE 0 END) AS CNT
FROM CUST_PARTY TMP1
LEFT OUTER JOIN (SELECT DISTINCT SSN
                FROM CARD_ACCT
                WHERE CLOSE_DT IS NULL
                AND CC_GRADE IN ('1', '2')) TMP2
ON TMP1.SSN = TMP2.SSN
GROUP BY 1;
```

TMP2 별칭을 준 부분(SELECT DISTINCT SSN FROM CARD_ACCT WHERE CLOSE_DT IS NULL AND CC_GRADE IN('1', '2'))에서 DISTINCT 키워드를 사용한 이유는 중복을 제거하기 위해서다.

DISTINCT 키워드를 사용한 경우와 사용하지 않은 경우의 차이를 살펴보자. DISTINCT 키워드를 사용하지 않으면 '8204073333111' 고객이 두 번 추출된다. 한 명의 고객이 두 번 추출되면 LEFT OUTER JOIN 연산자를 실행할 때 '8204073333111' 고객이 이중으로 붙기 때문에 카드 가지고 있는 고객이 3명, 미소지 고객이 7명으로 결과가 나와 잘못된 의사결정을 내릴 수 있다.

【예시 ❶】 DISTINCT 키워드를 사용한 경우
```
SELECT DISTINCT SSN FROM CARD_ACCT
WHERE CLOSE_DT IS NULL AND CC_GRADE IN('1', '2');
```

SSN
5707121111000
8204073333111

【예시 ❷】 DISTINCT 키워드를 사용하지 않은 경우

```
SELECT SSN FROM CARD_ACCT
WHERE CLOSE_DT IS NULL AND CC_GRADE IN('1', '2');
```

SSN
5707121111000
8204073333111
8204073333111

알아두면 유용한 지식~!

- 데이터 분석 시 키값이 되는 열들은 중복 없이 나열하고, 좀 더 자세히 분석하려는 대상은 옆으로 붙이는 것이 매우 중요하다. 특히 범주형 변수일 경우 예제 1번과 같은 방식으로 데이터를 요약할 것을 강력히 추천한다.

- **중복을 제거한 형태의 테이블을 만든 후 조인해야 한다.** 중복을 제거하지 않고 테이블을 조인하면 오류가 발생할 확률이 높아지기 때문이다.

■ WHERE 조건절의 하위 쿼리

01. IN을 사용한 WHERE 조건절의 하위 쿼리

```
SELECT 열 이름1, 열 이름2
FROM 테이블명1
WHERE 열 이름 IN (SELECT 열 이름 FROM 테이블명2 WHERE 조건절);
```

> 열 이름 뒤에 IN을 사용하여 필요한 데이터만 가져올 수 있는 방법이야. 단일 결과값일 때는 '=' 를 사용할 수도 있지만 IN 연산자가 포괄적 기능을 하기 때문에 열 이름 다음에 IN을 사용한다고 외워두면 편할 거야.

WHERE 조건절에서 하위 쿼리는 IN 연산자와 함께 쓰인다고 생각하면 된다. 단일 결과값인 경우 '='를 사용할 수도 있지만 IN 연산자가 포괄적 기능을 하기 때문에 WHERE 조건절의 하위 쿼리는 IN과 함께 사용한다고 외우면 된다. 전체 모집단에서 특정 세그먼트만 추출할 때 WHERE 조건절의 하위 쿼리가 유용하게 사용된다. 이는 아래 그림과 같이 표현할 수 있다. 즉, 테이블명 1에서 테이블명 2의 결과를 출력하고 싶을 때 사용한다.

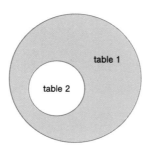

01. CARD_ACCT 테이블과 10장의 CUST_PARTY 테이블을 이용하여 현재 살아있는 신용카드 보유 고객의 주민등록번호, 이름, 아이디, 자택번호 및 휴대폰번호를 나타내보자(WHERE 조건절 하위 쿼리).

▶ WHERE 조건절에 하위 쿼리를 사용한다.

실행결과 ▼

SSN	PARTY_NM	CUST_ID	TEL_NO	MOBILE_NO
5707121111000	AR KIM	5670	02-555-6678	010-1111-1111
8204073333111	YC JUNG	5670	02-2222-1111	010-7777-7777

정답 ▶ SELECT *
　　 FROM CUST_PARTY
　　 WHERE SSN IN (SELECT DISTINCT SSN
　　　　　　　　　　 FROM CARD_ACCT
　　　　　　　　　 WHERE CLOSE_DT IS NULL
　　　　　　　　　　　 AND CC_GRADE in('1', '2'));

만약 하위 쿼리를 사용하지 않는다면 다음과 같이 두 단계로 나누어서 SQL 문장을 작성해야 한다.

| 1단계 |

SELECT DISTINCT SSN
FROM CARD_ACCT
WHERE (CLOSE_DT IS NULL
　　　 AND CC_GRADE in('1', '2'));

실행결과 ▼

SSN
5707121111000
8204073333111

| 2단계 |

SELECT * FROM CUST_PARTY
WHERE SSN IN ('5707121111000', '8204073333111');

실행결과 ▼

SSN	PARTY_NM	CUST_ID	TEL_NO	MOBILE_NO
5707121111000	AR KIM	5670	02-555-6678	010-1111-1111
8204073333111	YC JUNG	5670	02-2222-1111	010-7777-7777

알 아 두 면 유용한 지식~!

- 단일 행에서 하위 쿼리는 IN 대신 '='를 사용할 수 있다. 다음 예시 1 , 예시 2 는 모두 동일할 결과를 산출한다.

예시 1 ▼
```
SELECT *
FROM CUST_PARTY
WHERE SSN IN (SELECT DISTINCT SSN
                FROM CARD_ACCT
                WHERE SSN = '65081122222333');
```

예시 2 ▼
```
SELECT *
FROM CUST_PARTY
WHERE SSN = (SELECT DISTINCT SSN
                FROM CARD_ACCT
                WHERE SSN = '65081122222333');
```

만약 다음과 같은 구문을 쓰면 오류가 발생한다. '='는 단일 행에서만 작동하고 복수 행에서는 작동하지 않기 때문이다.

잘못된 예시 ▼
```
SELECT *
FROM CUST_PARTY
WHERE SSN = (SELECT DISTINCT SSN
                FROM CARD_ACCT
                WHERE SSN IN ('65081122222333', '77063022222111'));
```

● 고객연체 테이블: DLQ_PARTY

| 주민등록번호 | 연체 계좌번호 | 연체 시작일 | 연체 종료일 | 연체 기간 | 현재 연체 여부 |
SSN	ACCT_NO	DLQ_ST	DLQ_END	DLQ_DURATION	CURR_DLQ
6912081111222	32110	2012-07-30	2012-08-15	16	N
8204073333111	88930	2012-09-21	2012-10-01	10	N
8204073333111	35780	2013-01-26	2013-01-29	3	N
7706302222111	78320	2013-11-01		31	Y
6912081111222	87120	2013-10-01		62	Y
8204073333111	56830	2013-11-18	2013-11-28	10	N
8311221111333	78720	2013-11-14		18	Y
8311221111333	98730	2013-11-16		16	Y
6508112222333	57830	2012-12-01	2012-12-02	1	N
6508112222333	78770	2013-09-19		74	Y

➕ DLQ_PARTY 테이블의 기본 키(PRIMARY KEY)는 SSN, ACC_NO이다.

김 대리, 10장에서 살펴본 CUST_PARTY는 고객정보 테이블이고 위의 DLQ_PARTY는 고객연체이력관리 테이블이야. RISK MANAGEMENT의 핵심 중 하나는 연체율 관리지. 현재 연체일 수에 따라 취해야 하는 방법이 다르고, 고객 신용도 산정에도 약간 차이가 있어. 연체일 수가 30일이 안 된 고객들에게 연체 원리금 납입 안내에 대한 문자를 보내려고 할 때 대상이 되는 고객의 주민등록번호, 이름, 휴대폰번호를 나열해볼래?

결과 ▼

SSN	PARTY_NM	MOBILE_NO
8311221111333	MK KANG	010-3333-3333

한 명의 고객이 여러 개의 대출 계좌를 가지고 있을 수 있기 때문에 DISTINCT 키워드를 사용했습니다. 그 결과 연체 안내 SMS를 보낼 대상은 MK KANG 고객임을 알 수 있었어요.

정답 ▶ `SELECT SSN, PARTY_NM, MOBILE_NO`
`FROM CUST_PARTY`
`WHERE SSN IN (SELECT DISTINCT SSN`
`                    FROM DLQ_PARTY`
`                    WHERE CURR_DLQ = 'Y'`
`                        AND DLQ_DURATION <= 30);`

02

현재 연체 중이거나 과거 10일 이상 연체 기록이 있는 고객들을 제외한 대출 가능 고객 리스트를 뽑아서 SMS를 보내려고 한다면 어떤 고객들이 그 대상이 될까? 외부 조인을 사용해서 SQL 문장을 만들어봐.

결과 ▼

• TMP2 테이블 형태

SSN	DLQ
6508112222333	1
6912081111222	1
7706302222111	1
8204073333111	1
8311221111333	1

• 최종 결과

SSN	PARTY_NM	MOBILE_NO	DLQ
5707121111000	AR KIM	010-1111-1111	
7105252222000	JH KIM	010-4444-4444	
8911293333222	JH JUN	010-8888-8888	
9011034444111	SH LEE	010-9999-9999	

외부 조인에 하위 쿼리를 사용해서 나타내봤어요. TMP2 별칭을 준 부분의 결과값과 최종 결과값은 다음과 같아요.

정답 ▶ `SELECT TMP1.SSN, TMP1.PARTY_NM, TMP1.MOBILE_`
`            NO, TMP2.DLQ_FLG`
`FROM CUST_PARTY TMP1`
`LEFT OUTER JOIN (SELECT DISTINCT SSN, 1 AS DLQ_FLG`
`                    FROM DLQ_PARTY`
`                    WHERE CURR_DLQ = 'Y'`
`                    OR (CURR_DLQ = 'N' AND DLQ_`
`                    DURATION >= 10)`

```
                    ) TMP2
    ON TMP1.SSN = TMP2.SSN
    WHERE DLQ_FLG IS NULL;
```

위의 문제를 WHERE 조건절에 하위 쿼리를 사용해서 만들어볼래?

SSN	PARTY_NM	MOBILE_NO
5707121111000	AR KIM	010-1111-1111
7105252222000	JH KIM	010-4444-4444
8911293333222	JH JUN	010-8888-8888
9011034444111	SH LEE	010-9999-9999

동일한 결과를 다양한 방법으로 나타낼 수 있습니다.

정답 ▶
```
SELECT SSN, PARTY_NM, MOBILE_NO
FROM CUST_PARTY
WHERE SSN NOT IN (SELECT DISTINCT SSN
                  FROM DLQ_PARTY
                  WHERE CURR_DLQ = 'Y'
                  OR (CURR_DLQ = 'N'
                      AND DLQ_DURATION >= 10)
                  ) ;
```

현재 연체 중인 고객의 최대 연체일 수를 산출한 후 'XXX 고객님의 현재 연체일 수는 XX일입니다.'라는 문구를 만들고 주민등록번호, 이름, 휴대폰번호, 연체일 수와 함께 나열해볼래?

SSN	PARTY_NM	MOBILE_NO	DLQ_DURATION	MSS
6912081111222	SH HONG	010-2222-2222	62	SH HONG 고객님의 현재 연체일 수는 62일입니다.
8311221111333	MK KANG	010-3333-3333	18	MK KANG 고객님의 현재 연체일 수는 18일입니다.
7706302222111	JH LEE	010-5555-5555	31	JH LEE 고객님의 현재 연체일 수는 31일입니다.
6508112222333	JH RYU	010-6666-6666	74	JH RYU 고객님의 현재 연체일 수는 74일입니다.

주민등록번호가 '8311221111333'인 고객은 현재 연체인 계좌 수가 두 개입니다. 한 계좌는 16일, 다른 계좌는 18일 연체이므로 고객 기준에서 가장 큰 값을 나타내기 위해 MAX 함수를 사용하여 테이블을 만든 후 주민등록번호를 키값으로 내부 조인해서 테이블을 합쳤어요. 들어갈 메시지는 전에 배웠던 TRIM과 '||' 기호를 사용해서 나타냈습니다.

정답 ▸
```sql
SELECT TMP1.SSN,
       TMP1.PARTY_NM,
       TMP1.MOBILE_NO,
       TMP2.DLQ_DURATION,
       TRIM(PARTY_NM)||' 고객님의 현재 연체일 수는 '||TRIM
       (DLQ_DURATION)||' 일입니다.' AS MSS
FROM CUST_PARTY TMP1
INNER JOIN (SELECT SSN, MAX(DLQ_DURATION) AS
            DLQ_DURATION
            FROM DLQ_PARTY
            WHERE CURR_DLQ = 'Y'
            GROUP BY 1
            ) TMP2
ON TMP1.SSN = TMP2.SSN
;
```

12
DAY

데이터 및
테이블 조작

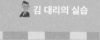
이번 장에서는 데이터 및 테이블 자체를 직접 조작하는 방법에 대해서 배워볼 것이다. 데이터 조작의 방법에는 데이터 삽입, 수정, 삭제 등이 있고 테이블 조작에는 테이블 생성, 변경, 삭제 등이 있다.

인문학도 김 대리, 데이터 및 테이블을 직접 조작하다

네!

벌써 SQL 정복 마지막 날이야. 오늘은 테이블 안의 데이터를 자체적으로 조작하는 방법에 대해 배워보도록 하지.

"김 대리, 오늘이 SQL 정복의 마지막 날이네. 기분이 어때?"

김 대리가 대답했다.

"벌써요? 시간이 정말 빨리 지나가네요. 요새 많은 것을 배워서 나날이 뿌듯한 직장 생활을 하고 있어요. 특히나 몇 달 동안 방향을 잡지 못하고 방황하는 저에게 길을 보여주신 이 차장님께 감사합니다."

이 차장이 웃으며 대답했다.

"허허허. 김 대리가 그렇게 생각해주니 나도 뿌듯하네. 이번 시간에는 그동안 배웠던 것과 조금 다른 이야기를 할 거야. 지금까지 'SELECT 열 이름 FROM 테이블명 WHERE 조건절.'이라는 큰 테마 안에서 이루어지는 여러 가지 이야기를 했다면 오늘은 테이블 안에 데이터를 직접 삽입, 삭제, 수정하면서 데이터 자체를 조작하는 방법과 테이블을 생성, 변경 또는 삭제하여 테이블 자체를 조작하는 방법에 대해서 다룰 거야. 데이터를 삽입할 때는 INSERT INTO 구문을 사용하고, 데이터를 삭제할 때는 DELETE 구문, 수정할 때는 UPDATE 구문을 사용하지. 테이블을 생성할 때는 CREATE TABLE 구문,

삭제할 때는 DROP TABLE 구문을 사용해. 이 구문들을 살펴보면서 SQL 수업을 마무리할 거야. 그나저나 우리 해산하는 기념으로 퇴근 후 삼겹살 파티 어때?"

김 대리가 힘차게 대답했다.

"아주 좋아요. 이 차장님, 많이 부족한 저를 이렇게 키워주셔서 다시 한 번 감사합니다."

Structured Query Language

데이터 조작

테이블 안에 데이터 조작 언어(DML: Date Manipulation Language)를 사용하여 데이터 행을 조작하는 방법을 알아보자.

■ 데이터 삽입

01. 완전한 행 삽입

```
INSERT INTO 테이블명
VALUES (값 1, 값2, 값3);
```

> 이차장's tip
> 하나의 완전한 행을 삽입하는 방법은 두 가지가 있어. 그중 첫 번째 방법은 다음과 같이 열 이름을 지정하지 않고 값을 삽입하는 방법이지.

02. 열 이름과 함께 완전한 행 삽입

```
INSERT INTO 테이블명(열 이름1, 열 이름2, 열 이름3)
VALUES (값 1, 값2, 값3);
```

> 이차장's tip
> 하나의 완전한 행을 삽입하는 두 번째 방법은 열 이름을 지정한 후 값을 삽입하는 방법이야. 오류를 줄일 수 있는 효과적인 방법이지.

03. 부분 행 삽입

```
INSERT INTO 테이블명(열 이름1, 열 이름3)
VALUES (값 1, 값3);
```

> 이차장's tip
> 열 이름을 사용하여 완전한 행을 삽입한 것같이 열 이름을 지정하고 해당 열 이름에 매칭되는 값을 VALUES 키워드 뒤에 순서대로 적으면 돼.

04. SQL 문장 결과를 삽입

```
INSERT INTO 테이블명1(열 이름1, 열 이름2, 열 이름3)
SELECT 열 이름1, 열 이름2, 열 이름3 FROM 테이블명2 WHERE 조건절;
```

INSERT INTO 통 삽입하다
VALUE 젠 값

> 이차장's tip
> SQL 문장 결과 전체를 삽입하고 싶을 경우, VALUES 키워드 대신 'SELECT 열 이름 FROM 테이블명 WHERE 조건절;'을 적으면 되지.

데이터를 삽입하는 방법에 대해서 알아보도록 하겠다. 데이터 전체 행을 삽입하거나 일부만 삽입할 수 있고 SQL 결과문을 삽입할 수도 있다. 데이터 전체 행을 삽입하는 방법은 열 이름을 지정하지 않고 삽입하는 방법과 열 이름을 지정한 후 삽입하는 방법으로 나눌 수 있다. 열 이름을 지정하지 않고 삽입하는 방법은 코딩을 짧게 해도 된다는 장점이 있는 반면 데이터를 삽입하는 값의 순서가 변경될 경우 테이블이 망가질 수 있는 위험이 있다. 그에 반해 열 이름을 지정한 후 행 전체를 삽입하는 방법은 열 이름을 지정하기 때문에 코딩을 길게 해야 한다는 단점이 있지만 순서에 따라 값 매칭(matching)이 잘 되었는지 확인할 수 있고 오류도 적다. 행의 일부분만 삽입할 때도 동일한 문법을 사용한다. 'SELECT 열 이름 FROM 테이블명 WHERE 조건절;'을 사용하면 SQL 문장 결과 전체를 삽입할 수 있다. 다음 예를 통해 자세히 살펴보자.

01. 10장의 CUST_PARTY 테이블에 다음 값들을 삽입해보자(전체 행 삽입하기).

```
SSN: 5508151111222
PARTY_NM: MJ YOO
CUST_ID: 8828
TEL_NO: 02-312-1111
MOBILE_NO: 010-1122-1111
```

힌트 ▶ INSERT INTO 문장을 이용한다.

실행결과 ▼

SSN	PARTY_NM	CUST_ID	TEL_NO	MOBILE_NO
5707121111000	AR KIM	5670	02-555-6678	010-1111-1111
6912081111222	SH HONG	2357	031-4456-9887	010-2222-2222
8311221111333	MK KANG	3977	051-999-8888	010-3333-3333
7105252222000	JH KIM	8988	032-333-1111	010-4444-4444
7706302222111	JH LEE	7702	033-111-3355	010-5555-5555

6508112222333	JH RYU	3574	02-6666-4444	010-6666-6666
8204073333111	YC JUNG	5670	02-2222-1111	010-7777-7777
8911293333222	JH JUN	6989	031-224-2222	010-8888-8888
9011034444111	SH LEE	5570	033-333-3333	010-9999-9999
5508151111222	MJ YOO	8828	02-312-1111	010-1122-1111

【방법 ❶】 열 이름 사용하지 않고 행 전체 입력하기

정답 ▸
```
INSERT INTO CUST_PARTY
    VALUES ('55508151111222', 'MJ YOO', '8828', '02-312-
        1111', '010-1122-1111');
```

【방법 ❷】 열 이름 사용해서 행 전체 입력하기

정답 ▸
```
INSERT INTO CUST_PARTY (SSN, PARTY_NM, CUST_ID,
        TEL_NO, MOBILE_NO)
    VALUES ('55508151111222', 'MJ YOO', '8828', '02-
        312-1111', '010-1122-1111');
```

방법 ❶과 방법 ❷는 동일한 결과를 나타낸다. 방법 ❷는 테이블명 뒤에 열 이름을 지정한다. 첫 번째 지정된 열 이름은 VALUES절의 첫 번째 값과 대응되고, 두 번째 지정된 열 이름은 VALUES절의 두 번째 값과 대응된다.

02. 10장의 CUST_PARTY 테이블에 다음 값들을 삽입해보자. 단, MOBILE_NO 열은 NULL값을 허용하는 열이다(부분 행 삽입하기).

```
SSN: 5508151111222
PARTY_NM: MJ YOO
CUST_ID: 8828
TEL_NO: 02-312-1111
```

힌트 ▸ INSERT INTO 문장을 이용한다.

실행결과 ▾

SSN	PARTY_NM	CUST_ID	TEL_NO	MOBILE_NO
5707121111000	AR KIM	5670	02-555-6678	010-1111-1111
6912081111222	SH HONG	2357	031-4456-9887	010-2222-2222

8311221111333	MK KANG	3977	051-999-8888	010-3333-3333
7105252222000	JH KIM	8988	032-333-1111	010-4444-4444
7706302222111	JH LEE	7702	033-111-3355	010-5555-5555
6508112222333	JH RYU	3574	02-6666-4444	010-6666-6666
8204073333111	YC JUNG	5670	02-2222-1111	010-7777-7777
8911293333222	JH JUN	6989	031-224-2222	010-8888-8888
9011034444111	SH LEE	5570	033-333-3333	010-9999-9999
5508151111222	MJ YOO	8828	02-312-1111	

정답 ▶ INSERT INTO CUST_PARTY (SSN, PARTY_NM, CUST_ID, TEL_NO)
VALUES ('5508151111222', 'MJ YOO', '8828', '02-312-
1111');

알아두면 유용한 지식~!

• 열 이름을 지정했을 때 삽입하는 열의 순서가 바뀌어도 열 이름과 입력된 값이 대응하
면 결과에 영향이 없다. 다음 (문장 1)과 (문장 2)는 동일한 결과를 나타낸다.

(문장 1) ▼
```
INSERT INTO CUST_PARTY (SSN, PARTY_NM, CUST_ID, TEL_NO,
MOBILE_NO)
VALUES ('5508151111222', 'MJ YOO', '8828', '02-312-1111',
'010-1122-1111');
```

(문장 2) ▼
```
INSERT INTO CUST_PARTY (SSN, TEL_NO, MOBILE_NO, PARTY_NM,
CUST_ID)
VALUES ('5508151111222', '02-312-1111', '010-1122-1111',
'MJ YOO', '8828');
```

■ 데이터 삭제

01. 테이블의 모든 행 삭제

> DELETE FROM **테이블명**;

이차장's **tip**
데이터를 삭제할 때는 DELETE절을 사용하면 돼.

02. 테이블의 부분 행 삭제

> DELETE FROM **테이블명**
> WHERE **조건절**;

이차장's **tip**
테이블의 부분 행을 삭제할 때는 WHERE 조건절을 추가하면 돼.

DELETE FROM 동 ~에서 삭제하다

테이블의 행을 삭제할 때는 DELETE절을 사용한다. DELETE절을 사용할 때 WHERE 조건절을 사용하지 않으면 데이터 전체가 삭제될 수 있기 때문에 단독으로 DELETE절을 사용할 때는 주의해야 한다.

01. CUST_PARTY 테이블(175쪽)에서 다음 값들을 삭제해보자(부분 행 삽입하기).

```
SSN: 8911293333222
PARTY_NM: JH JUN
CUST_ID: 6989
TEL_NO: 031-224-2222
MOBILE_NO: 010-8888-9999
```

힌트 ▶ DELETE FROM 문장을 이용한다.

SSN	PARTY_NM	CUST_ID	TEL_NO	MOBILE_NO
5707121111000	AR KIM	5670	02-555-6678	010-1111-1111
6912081111222	SH HONG	2357	031-4456-9887	010-2222-2222
8311221111333	MK KANG	3977	051-999-8888	010-3333-3333
7105252222000	JH KIM	8988	032-333-1111	010-4444-4444
7706302222111	JH LEE	7702	033-111-3355	010-5555-5555
6508112222333	JH RYU	3574	02-6666-4444	010-6666-6666
8204073333111	YC JUNG	5670	02-2222-1111	010-7777-7777
9011034444111	SH LEE	5570	033-333-3333	010-9999-9999

정답 ▶
```
DELETE FROM CUST_PARTY
    WHERE SSN IN ('8911293333222');
```

알아두면 유용한 지식~!

- SQL에서는 실행한 내용을 취소할 수 있는 기능이 없다. 잘못하면 테이블 전체의 정보를 삭제할 수 있기 때문에 DELETE문을 사용하여 행을 지울 때는 항상 주의를 기울여야 한다.

■ 데이터 수정

문법

01. 모든 행의 데이터 수정

```
UPDATE 테이블명
SET 열 이름=변경할 값;
```

> 이차장's tip
>
> UPDATE문은 업데이트할 테이블 이름으로 시작되지.

02. 특정한 행의 데이터 수정

> UPDATE 테이블명
>
> SET 열 이름=변경할 값
>
> WHERE 조건절

UPDATE 图 새롭게 하다, 갱신하다 · SET 图 정하다

UPDATE문의 문법은 DELETE문과 같이 아주 간단하다. 또한 UPDATE문도 테이블 전체의 데이터를 변형시키는 명령어이기 때문에 사용할 때 조심해야 한다. 행 전체의 데이터를 변경할 때는 WHERE 조건절을 사용하지 않고, 일부를 변경할 때는 WHERE 조건절을 기재해야 한다.

01. 10장의 CUST_PARTY 테이블에서 CUST_ID를 1111로 수정해보자(행 전체 수정하기).

힌트 ▶ UPDATE 문장을 이용한다.

실행결과 ▼

SSN	PARTY_NM	CUST_ID	TEL_NO	MOBILE_NO
5707121111000	AR KIM	1111	02-555-6678	010-1111-1111
6912081111222	SH HONG	1111	031-4456-9887	010-2222-2222
8311221111333	MK KANG	1111	051-999-8888	010-3333-3333
7105252222000	JH KIM	1111	032-333-1111	010-4444-4444
7706302222111	JH LEE	1111	033-111-3355	010-5555-5555
6508112222333	JH RYU	1111	02-6666-4444	010-6666-6666
8204073333111	YC JUNG	1111	02-2222-1111	010-7777-7777
8911293333222	JH JUN	1111	031-224-2222	010-8888-8888
9011034444111	SH LEE	1111	033-333-3333	010-9999-9999

정답 ▶
```
UPDATE CUST_PARTY
    SET CUST_ID = '1111';
```

02. 10장의 CUST_PARTY 테이블에서 주민등록번호가 9011034444111인 고객의 전화
번호를 010-9988-5555로 수정해보자(특정한 행 수정하기).

힌트 ▶ UPDATE 문장을 이용한다.

실행결과 ▼

SSN	PARTY_NM	CUST_ID	TEL_NO	MOBILE_NO
5707121111000	AR KIM	5670	02-555-6678	010-1111-1111
6912081111222	SH HONG	2357	031-4456-9887	010-2222-2222
8311221111333	MK KANG	3977	051-999-8888	010-3333-3333
7105252222000	JH KIM	8988	032-333-1111	010-4444-4444
7706302222111	JH LEE	7702	033-111-3355	010-5555-5555
6508112222333	JH RYU	3574	02-6666-4444	010-6666-6666
8204073333111	YC JUNG	5670	02-2222-1111	010-7777-7777
8911293333222	JH JUN	6989	031-224-2222	010-8888-8888
9011034444111	SH LEE	5570	033-333-3333	010-9988-5555

정답 ▶ UPDATE CUST_PARTY
SET MOBILE_NO = '010-9988-5555'
WHERE SSN = '9011034444111';

테이블 조작

02

테이블을 생성하고 삭제하는 DDL(Data Definition Language) 언어에 대해 알아보도록 하자.

■ 테이블 생성

01. 일반적으로 테이블 생성하는 방법

> 이차장's tip
>
> 테이블을 만들려면 기본적으로 생성할 테이블명, 그에 속할 열 이름, 데이터 형식 및 정의를 지정해야 해.

```
CREATE TABLE 생성할 테이블명
(
    열 이름    데이터 형식 (크기)    NOT NULL,
    열 이름    CHAR (10)           PRIMARY KEY,
    열 이름    CHAR (10)           NOT NULL
                                  REFERENCES 테이블1 (테이블1 고유키),
    열 이름    INTEGER             NOT NULL DEFAULT 1,
    열 이름    VARCHAR(100)        NULL
) ;
```

02. 하위 쿼리에 의해 검색된 테이블과 동일한 구조로 테이블 생성

> 이차장's tip
>
> 이 방법은 하위 쿼리와 동일한 구조의 테이블을 생성하는 방법이지. 만약 테이블 전체를 복사하고 싶은 경우 SELECT 절 뒤에 와일드카드 '*'를 적으면 돼.

```
CREATE TABLE 생성할 테이블명 AS
    SELECT 열 이름1, 열 이름2 FROM 복사할 테이블명;
```

CREATE 통 생성하다

테이블을 생성, 변경 및 삭제할 때는 DDL(Data Definition Language)을 사용해야 한다. 테이블을 생성할 때는 CREATE TABLE 문법을 사용한다. CREATE TABLE문의 정확한 구문은 DBMS에 따라 다르기 때문에 각자가 사용하는 DBMS 설명서를 참고하면 될 것이다. CREATE TABLE 구문을 사용하기 위해서는 새로 생성할 테이블 이름, 열 이름, 데이터 형식을 지정해야 한다. 기본적인 문자 데

이터 형식과 숫자 데이터 형식은 다음 표와 같다. 만약 데이터가 NULL값을 허용하지 않는다면 NOT NULL이라는 옵션을 적는다. NOT NULL로 지정된 열에 NULL값이 쓰여지면 데이터에 오류가 발생한다. 이제 DEFAULT 옵션에 대해 살펴보자. 만약 DEFAULT 1이라고 지정한 후 해당 열에 값을 지정하지 않는다면 자동으로 1이라고 저장된다. PRIMARY KEY 옵션은 기본 키를 설정할 때 사용한다. 기본 키는 테이블의 각 행을 고유하게 식별하기 위해 사용되는 것으로, 데이터 제어에 상당히 중요한 역할을 하고, 기본 키는 테이블을 만들 때 지정한다. 참고로 기본 키값은 NULL값일 수 없고 고유해야 하며, 변경하거나 업데이트될 수 없다. 마지막으로 외래 키 옵션에 대해서 설명할 것이다. 외래 키는 해당 테이블에서 다른 테이블의 기본 키에 해당하는 값을 포함할 때 사용되는 것으로, 데이터베이스의 무결성을 유지하기 위한 필수 조건이다. 예를 들어 10장에서 본 ORDERS 테이블의 구조에 대해 다시 한번 살펴보기로 하자.

```
CREATE TABLE ORDERS
(
ORDER_ID CHAR(5) PRIMARY KEY,
CUST_ID CHAR(4) NOT NULL REFERENCES CUSTOMERS(CUST_ID),
EMP_ID CHAR(5) NOT NULL,
ORDER_DT DATETIME NOT NULL
);
```

주문 테이블에는 고객이 주문한 주문 번호, 주문한 고객 아이디, 판매 직원, 그리고 주문한 날짜가 저장된다. 주문 테이블에서 정의된 CUST_ID는 REFERENCES라는 키워드를 사용하였다. 이는 ORDERS 테이블에 CUST_ID를 외래키로 지정하겠다는 의미이고, 이 CUST_ID는 CUSTOMERS 테이블에 기본 키로 지정되어 있는 값임을 나타낸다. 즉, ORDERS 테이블에서 사용되는 CUST_ID는 반드시 CUSTOMERS 테이블에 있는 값이어야 함을 말한다.

● 데이터 형식

타입	데이터 형식	설명
문자형	CHARACTER(n) 또는 CHAR(n)	고정 길이의 문자 데이터를 4000Byte 저장할 수 있다. 고정폭 n-문자열로 필요한 만큼 공백으로 채워진다.
	NATIONAL VARYING(n) 또는 NCHAR(n)	CHAR 타입과 기본적으로 같은 공간 관리를 한다. 다양한 언어의 문자값을 저장하고 조회할 수 있는 기능을 가지고 있다.
	CHARACTER VARYING(n) 또는 VARCHAR(n)	N 문자의 최대 크기를 가진 가변폭 문자열이다. 입력되는 문자의 길이가 정의된 공간의 길이보다 적더라도 나머지 공간을 여백으로 채우지 않고 필요한 공간만 사용한다.
	NVARCHAR(n)	가변폭 NCHAR 문자열이다.
숫자형	BIT	단일 비트값이다.
	NUMERIC(p,s) 또는 DECIMAL(p,s)	p는 전체 자리 값을 의미하고, s는 소수점 이하 자릿수를 의미한다. 예 7891.234->p:7 s:3
	FLOAT	실수값이다.
	INTEGER 또는 INT	숫자를 저장할 수 있는 4Byte 정수값이다.
날짜 및 시간	DATE	날짜값이다. 예 2013-12-07
	TIME	시간값이다. 예 13:22:05
	TIMESTAMP	DATE와 TIME이 하나의 변수로 결합된 형태이다. 예 2013-12-07 13:22:05

01. 10장의 CUST_PARTY 테이블을 생성해보자(테이블 생성하기).

```
SSN: CHAR(13), 기본 키.
PARTY_NM: VARCHAR(20) NULL값 허용 안됨.
CUST_ID: CHAR(4), NULL값 허용 안 됨.
TEL_NO: VARCHAR(20), NULL값 허용 됨.
MOBILE_NO: VARCHAR(20), NULL값 허용 됨.
```

힌트 ▶ CREATE TABLE 문장을 이용한다.

정답 ▶
```
CREATE TABLE CUST_PARTY (
    SSN CHAR(13)                PRIMARY KEY,
    PARTY_NM VARCHAR(20)        NOT NULL,
    CUST_ID CHAR(4)             NOT NULL,
    TEL_NO VARCHAR(20)          NULL,
    MOBILE_NO VARCHAR(20)       NULL
);
```

알아두면 유용한 지식~!

• CHAR 타입과 VARCHAR 타입의 차이는 다음과 같다. CHAR와 VARCHAR의 차이를 알지 못하고 사용하는 경우가 많다. 차이는 다음과 같다.

■ 테이블 변경 및 삭제

01. 테이블 변경(열을 추가할 때)

ALTER TABLE 수정할 테이블명
ADD (추가할 열 이름데이터 형식(크기));

> **이차장's tip**
> 테이블을 수정할 때는 ALTER TABLE을 적으면 돼. 만약 열을 추가하고 싶다면 ADD 키워드를 사용하면 돼.

02. 테이블 변경(데이터 구조를 변경할 때)

ALTER TABLE **수정할 테이블명**
MODIFY **(변경할 열 이름 변경할 데이터 형식(크기));**

> **이차장's tip**
> 데이터 구조를 변경할 때는 MODIFY 키워드를 사용하면 돼.

03. 테이블명 변경

RENAME **변경 전 테이블명** TO **변경 후 테이블명;**

> **이차장's tip**
> 테이블 이름을 변경할 때는 RENAME 키워드를 사용하면 돼.

04. 테이블 삭제

DROP TABLE **삭제할 테이블명;**

> **이차장's tip**
> 테이블을 삭제할 때는 DROP TABLE 구문을 사용하면 돼.

ALTER 통 바꾸다, 고치다 · ADD 통 추가하다 · MODIFY 통 수정하다 · RENAME 통 이름을 바꾸다 · DROP 통 제거하다

테이블을 변경할 때는 ALTER TABLE문을 사용한다. 몇몇의 DBMS에서는 테이블의 열을 제거하거나 변경하는 것을 허용하지 않기 때문에 자세한 것은 각 DBMS의 설명서를 참조하도록 하자. 'ALTER TABLE CUSTOMERS ADD HOBBY CHAR(20);' 라는 문장을 실행하면 CUSTOMERS라는 테이블에 HOBBY 라는 CHAR(20)의 형식을 갖는 열이 추가된다. 하지만 데이터가 포함된 테이블의 구조는 변경하지 않는 것이 좋다. 테이블을 만들 때 충분한 검토를 했고 그 안에 이미 데이터가 축적되어 있기 때문에 데이터 형식이 변경되면 기존 데이터에 영향을 미쳐 데이터 손실로 이어질 수 있기 때문이다. RENAME을 사용하면 테이블 이름을 변경할 수 있다. SQL SERVER 혹은 SYBASE 사용자는 SP_RENAME 저장 프로시저를 이용한다. 'RENAME CUSTOMERS TO CUST;' 라는 문장을 실행하면 CUSTOMERS라는 테이블이 CUST라는 테이블로 변경된다. 마지막으로 테이블을 삭제하려면 DROP TABLE 구문을 사용한다. 'DROP TABLE CUSTOMERS;'라는 문장을 실행하면 기존의 CUSTOMERS 테이블이 삭제된다. ALTER TABLE문이나 DROP TABLE문과 같이 데이터 자체에 큰 충격을 가할 수 있는 문장은 사용할 때 주의를 기울여야 하며 중요한 데이터는 모두 백업한 후에 실행하는 것이 좋다.

● 직원정보 테이블: EMPLOYEE

EMP_ID 직원아이디	GRADE 직급	NM 이름	TELNO 내선번호
15501	8	YK MO	5740
15687	8	SS CHANG	5547
16780	5	HY YOO	2327
63278	7	JW PARK	2304
87871	7	SW HONG	2367
23578	6	JI CHOI	4654
32480	6	JM CHA	1270
23480	5	KE LEE	5466

➕ EMPLOYEE 테이블의 기본 키(PRIMARY KEY)는 EMP_ID이다.

 김대리, KE LEE와 JM CHA라는 직원이 퇴사해서 해당 데이터를 삭제해야 한다면 어떤 방식으로 삭제할 수 있을까?

결과 ▼

EMP_ID	GRADE	NM	TELNO
15501	8	YK MO	5740
15687	8	SS CHANG	5547
16780	5	HY YOO	2327
63278	7	JW PARK	2304
87871	7	SW HONG	2367
23578	6	JI CHOI	4654

 퇴사한 두 명의 직원은 DELETE 키워드를 사용해서 삭제할 수 있어요.

 ▼

```
DELETE FROM EMPLOYEE
WHERE EMP_ID IN ('32480', '23480');
```

김대리, EMP_ID가 15501인 직원의 내선번호를 5800으로 변경해볼래?

결과 ▼

EMP_ID	GRADE	NM	TELNO
15501	8	YK MO	5800
15687	8	SS CHANG	5547
16780	5	HY YOO	2327
63278	7	JW PARK	2304
87871	7	SW HONG	2367
23578	6	JI CHOI	4654
32480	6	JM CHA	1270
23480	5	KE LEE	5466

UPDATE문을 사용하여 해당 테이블의 값을 변경할 수 있어요.

정답 ▼

```
UPDATE EMPLOYEE
SET TELNO = 5800
WHERE EMP_ID IN ('15501');
```

부록 · A - 테이블

● 2013년11월 카드결제 테이블: CARD_TRAN_201311

고객번호	이름	고객등급 (PB: 우량고객, MASS: 대중고객)	일시불 사용금액	할부 사용금액	해외 사용금액	현금서비스
CMF	PARTY_NM	SEG	PIF_AMT	INST_AMT	OVRS_AMT	CASH_AMT
2356	김아름	PB	1,234,041		1,301,710	
4570	이선우	MASS			524,560	
4563	홍지은	MASS	213,570			3,700,000
3266	윤일상	MASS	89,641			
8904	이동건	PB	1,278,960	500,000		
4678	최혜연	MASS	4,567,780			
1746	임하영	PB	7,836,100	3,213,400		
3120	김지철	PB				
8974	강성범	MASS	655,456			
3255	김지연	MASS	213			
8977	김지현	PB	1,300		54,000	100,000

● 2013년12월 고객계좌별수익 테이블: PPC_MAST_201312

주민등록번호	계좌번호	종별 코드	수익	잔액
SSN	ACCT_NO	ACCT_CD	PRFT	BALANCE_AMT
7802221111111	22033	130	504	56,746
8307153333444	54412	110	585	23,540
5605099999222	65433	340	213	987,800
8012301111333	58721	320	780	310,000
6711032222111	23422	120	5679	3
8910103333222	89811	310	240	40,011
7802221111111	78022	100	899	4,565,000
6711032222111	35714	300	3780	2,545,640
8910103333222	68740	310	233	522,312
5605099999222	96870	330	7000	2,158
7802221111111	89770	140	1000	566,600
6711032222111	33270	130	5600	68,770
7802221111111	87890	340	1270	5,500,000

구분	ACCT_CD
	100
	110
수신	120
	130
	140
	300
	310
여신	320
	330
	340

● 2013년12월 고객별보유상품 테이블: PPC_201312

고객ID	고객등급	카드상품 보유 여부	대출상품 보유 여부	보험상품 보유 여부	수신상품 보유 여부	펀드상품 보유 여부	연 수익
CUST_ID	SEG	CARD_ FLG	LOAN_ FLG	INSURANCE_ FAG	CTB_ FLG	FUND_ FLG	ANNL_ REV
54615	SILVER	1	1	1	1	1	1,000
46780	GOLD	0	0	1	1	0	20,000
23748	GOLD	1	1	0	1	1	30,000
56432	DIAMOND	1	0	1	1	1	100,000
89647	SILVER	0	0	1	1	0	3,000
52333	SILVER	1	1	0	1	0	2,500
89669	GOLD	1	0	1	1	0	60,000
21004	SILVER	0	0	1	1	0	1,000
17890	DIAMOND	1	1	0	1	1	300,000

● 2013년12월 고객별수신평균잔액 테이블: CASA_201312

고객 아이디	고객 세그먼트(DIAMOND:최상위, GOLD: 중간, SILVER: MASS)	2013년 11월 수신평균잔액	2013년 12월 수신평균잔액
CUST_ID	CUST_SEG	BALANCE_201311	BALANCE_201312
54560	SILVER	1,000,000	2,000,000
68477	GOLD	112,000	3,500
96147	SILVER	300,000	1,000,010

32134	GOLD	2,354,000	3,200,000
12478	DIAMOND	6,015,000	5,800,000
54789	SILVER	200,000	300,000
34181	GOLD	4,200,000	4,100,000
23458	DIAMOND	5,000,000	6,200,000
12344	SILVER	210,000	200,000

● 2013년12월 카드실적 테이블: PERF_MAST_201312

고객번호	이름	고객등급 (PB: 우량고객, MASS: 대중고객)	한 달 전 카드사용금액	두 달 전 카드사용금액	세 달 전 카드사용금액
CMF	PARTY_NM	SEG	TOT_AMT_1	TOT_AMT_2	TOT_AMT_3
2356	김아름	PB	790	1,770	4,780
4570	이선우	MASS	90,700	5,789	87,986
4563	홍지은	MASS			
3268	윤일상	MASS	88,805	659,860	5,130
8904	이동건	PB	9,846,000	5,708,900	7,600,000
4678	최혜연	MASS		6,000	
1748	임하영	PB	1,000,400	788,000	2,378,696
3120	김지철	PB			
8974	강성범	MASS	540		7,700
3255	김지연	MASS	254,860	578,321	432,004
8977	김지현	PB	687,063	870,000	545,400

● A백화점 고객별실적 테이블: PERF

고객아이디	고객이름	고객생년월일	방문횟수	구입금액	구입상품 수
CUST_ID	CUST_NM	CUST_BIRTH	VISIT_CNT	SALES_AMT	SALES_CNT
56456	모형건	1982-01-24	123	3,700,000	24
65412	이상훈	1984-05-10	23	467,200	14
23472	이상희	1978-02-27	117	2,237,065	23
27896	모영길	1982-05-11	37	123,721	2
35478	강주혁	1983-09-10	86	830,000	30
78693	이선우	1977-07-07	103	1,789,023	7

● 고객원장 테이블: CUSTOMERS

고객아이디	고객이름	고객집전화
CUST_ID	CUST_NM	HOME_TEL
5464	JH KIM	02-333-1111
6570	LY KIM	031-111-1133
8780	AR KIM	032-998-5555
5632	KK LEE	02-6677-8888
2445	HJ WANG	055-4444-5666
3210	HH AN	031-888-0111
2596	DK SUNG	02-113-3331

● 고객구매 테이블: PROD_SALES

고객 이름	제품 코드	구매 금액
CUST_NM	PRD_ID	SALES_AMT
LEE	546	3,000
KIM	324	4,780
KANG	564	87,900
KWON	556	45,478
KIM	254	3,000
YOO	567	78,900
PARK	877	89,787
LEE	890	10,000
KIM	787	2,341
PARK	566	50,000

● 고객구매정보 테이블: CUST_INFO

고객 아이디	이름	성	수익
RESIDENCE_ID	FIRST_NM	LAST_NM	ANNL_PERF
8301111999999	JIHUN	KIM	330.08
7012012888888	JINYOUNG	LEE	857.61
6705302777666	MIJA	HAN	-76.77
8411011555666	YOUNGJUN	HA	468.54
7710092666777	DAYOUNG	SUNG	-890
7911022444555	HYEJIN	SEO	47.44

● 고객구매정보 테이블: CUST_PERF

고객 번호	고객이름	고객등급 (PRIORITY)	한 달 전 구매금액	두 달 전 구매금액	세 달 전 구매금액	거주하는 도시	거주하는 나라
ID	NAME	SEG	TOT_AMT_1	TOT_AMT_2	TOT_AMT_3	CITY	COUNTRY
1	SUE	PRIORITY	790	1,770	4,780	BERLIN	GERMANY
2	DAVID	MASS	90,700	5,789	87,986	BERN	SWITZERLAND
3	SAM	MASS				NANTES	FRANCE
4	KIM	MASS	88,805	659,860	5,130	BERGAMO	BRAZIL
5	LEE	PRIORITY	9,846,000	5,708,900	7,600,000	VERSAILLES	FRANCE
6	BERNEY	MASS		6000		BERGAMO	ITALY
7	SANDY	PRIORITY	1,000,400	788,000	2,378,696	BERLIN	GERMANY
8	YOUNG	MASS				SEOUL	KOREA
9	SALLY	MASS	540		7,700	TOKYO	JAPAN
10	BRIAN	MASS	254,860	578,321	432,004	PUSAN	KOREA
11	CHRISTINA	PRIORITY	687,063	870,000	545,400	OSAKA	JAPAN

● 고객연체 테이블: DLQ_PARTY

주민등록번호	연체 계좌번호	연체 시작일	연체 종료일	연체 기간	현재 연체 여부
SSN	ACCT_NO	DLQ_ST	DLQ_END	DLQ_DURATION	CURR_DLQ
6912081111222	32110	2012-07-30	2012-08-15	16	N
8204073333111	88930	2012-09-21	2012-10-01	10	N
8204073333111	35780	2013-01-26	2013-01-29	3	N
7706302222111	78320	2013-11-01		31	Y
6912081111222	87120	2013-10-01		62	Y
8204073333111	56830	2013-11-18	2013-11-28	10	N
8311221111333	78720	2013-11-14		18	Y
8311221111333	98730	2013-11-16		16	Y
6508112222333	57830	2012-12-01	2012-12-02	1	N
6508112222333	78770	2013-09-19		74	Y

● 고객정보 테이블: CUST_PARTY

| 주민등록번호 | 고객이름 | 고객아이디 | 집전화번호 | 휴대폰번호 |
SSN	PARTY_NM	CUST_ID	TEL_NO	MOBILE_NO
5707121111000	AR KIM	5670	02-555-6678	010-1111-1111
6912081111222	SH HONG	2357	031-4456-9887	010-2222-2222
8311221111333	MK KANG	3977	051-999-8888	010-3333-3333
7105252222000	JH KIM	8988	032-333-1111	010-4444-4444
7706302222111	JH LEE	7702	033-111-3355	010-5555-5555
6508112222333	JH RYU	3574	02-6666-4444	010-6666-6666
8204073333111	YC JUNG	5670	02-2222-1111	010-7777-7777
8911293333222	JH JUN	6989	031-224-2222	010-8888-8888
9011034444111	SH LEE	5570	033-333-3333	010-9999-9999

● 고객정보 테이블: CUSTOMERS

| 고객아이디 | 고객이름 | 도시 | 나라 |
ID	NAME	CITY	COUNTRY
1	SUE	BERLIN	GERMANY
2	DAVID	BERN	SWITZERLAND
3	SAM	NANTES	FRANCE
4	KIM	RESENDE	BRAZIL
5	LEE	VERSAILLES	FRANCE
6	BERNEY	BERGAMO	ITALY
7	SANDY	BERLIN	GERMANY
8	YOUNG	SEOUL	KOREA

● 고객주소 테이블: ADDR

CUST_ID	HOME_ADDR1	HOME_ADDR2
5465	서울시 강남구 역삼동	111-11
2354	서울시 종로구 공평동	222-22
5410	서울시 중구 서소문동	333-33

● 고객휴대폰번호 테이블: MOBILE

CUST_ID	MOBILE_NO
5465	010-1111-1111
2354	010-2222-2222

● 고객주소 테이블1: ADDR1

CUST_ID	HOME_ADDR1	HOME_ADDR2
5465	서울시 강남구 역삼동	111-11
2354	서울시 종로구 공평동	222-22
5410	서울시 중구 서소문동	333-33
6511	서울시 송파구 문정동	444-44

● 고객휴대폰 테이블1: MOBILE1

CUST_ID	MOBILE_NO
5465	010-1111-1111
2354	010-2222-2222
5410	010-3333-3333
5410	010-7777-7777
7979	010-7979-7979

● 구매 테이블: PURCHASE_TRAN

고객번호	올해 구입금액	올해 구입건수	작년 구입금액	작년 구입건수
ID	PURCHASE_AMT	PURCHASE_CNT	LAST_AMT	LAST_CNT
145	2,000,000	12	1,231,000	21
455	1,273,100	1	2,237,230	22
463	111,463	3	214,047	1
324	154,769	3	7,474,663	13
568	25,784,652	47	1,000,047	3
662	106,868	1	277,763	1
871	9,694,470	123	798,874	2
460	65,650,000	1200	6,557,741	320
277	57,663,000	470	57,663,000	444
309	5,579,800	415	2,333,000	135

● 벤더 테이블: VENDOR_INFO

벤더 아이디	벤더 이름	국가
ID	NAME	COUNTRY
1	Sue	Germany
2	David	Switzerland
3	Sam	France
4	Jihoon	Brazil
5	Sunwoo	France
6	Berney	Italy
7	Sandy	Germany
8	Young	Korea

● 보험원장 테이블: INS_INFO

고객번호 (문자형)	계약번호 (문자형)	계약일 (날짜형)	계약 종류 (문자형)	상품명 (문자형)	해지일 (날짜형)	가입금액 (숫자형)
ID	CNRT_NO	CNRT_DT	CNRT_CD	PRDT_NM	CNCL_DT	CNRT_AMT
224	2533274	2013-07-01	1	다이렉트자동차보험	?	1,000,000
224	6111075	2012-08-07	2	5년만기저축보험	?	300,000
684	4447330	2014-06-12	1	다이렉트자동차보험	?	1,100,000
233	4932004	2011-11-23	1	자동차보험	?	1,200,000
762	9633703	2013-05-31	2	10년만기저축보험	2013-11-03	700,000
789	1378934	2013-01-12	2	3년만기저축보험	?	500,000
183	3701447	2010-05-05	1	다이렉트자동차보험	?	900,000
183	6678966	2011-12-08	2	10년만기 저축보험	?	10,000,000
831	8463112	2013-04-16	1	다이렉트자동차보험	2013-08-11	1,000,000

● 수신 테이블: RCPT_ACCT

주민등록번호	계좌번호	신규일	해지일	계좌잔액
SSN	ACCT_NO	NEW_DT	CNCL_DT	RCPT_AMT
5707121111000	578221	2012-03-26		500,000
7706302222111	687322	2011-12-22	2013-12-01	0
6508112222333	658720	2013-06-08		41,324
8204073333111	554520	2013-09-28		5,678,740
5707121111000	656421	2009-11-17		354,210
7706302222111	668721	2010-07-27		547,700
8204073333111	223620	2010-09-11		1,000,357
8204073333111	275123	2013-11-26		123,000

● 영업점정보 테이블: BRNCH_INFO

영업점 번호	영업점 이름	영업점 신설일	영업점 폐쇄일	영업점 인원	경영 평가
BRNCH_NO	BRNCH_NM	OPEN_DT	CLOSE_DT	BRNCH_NUM	BRNCH_PERF
789	시청	1990-03-12		13	A
640	여의도	2005-08-07		8	B
368	대치	2005-08-01	2013-07-09	13	C
248	창동	2000-11-30		12	A
547	종각	1993-02-21		11	C
780	명동	1999-09-22		8	A
987	역삼	2008-08-30		7	B
456	대학로	2010-12-01		8	B
650	신촌	2002-05-17		10	C

● 인사고과 테이블: EMP

사번	직급	이름	관리자	팀 이름	인사고과
ID	POSITION	PARTY_NM	MANAGER_ID	TEAM_NM	GRADE
650	대리	이재훈	1270	마케팅부	1
540	과장	장성수	3221	리스크부	2
210	차장	문보미	3914	인사팀	3
347	차장	정호천	3942	기획팀	3
970	부장	김영성	3221	리스크부	2
345	대리	오윤경	1270	마케팅부	2
711	과장	이재중	3914	인사팀	2

● 제품판매 테이블: PROD_SALES

제품번호	제품 판매금액	제품 판매수량	경제적 이익
PROD_ID	TOTAL_SALES	SALES_NUM	ECON_INCOME
65478	7883.64	564	301
56870	2156.12	412	-241
13540	5701.74	230	62
89744	224.33	96	12
23787	5703.5	170	70
56706	744.57	21	-120
96385	570.55	54	57
33187	977.98	90	91

● 주문 테이블: ORDERS

주문번호	고객아이디	판매직원아이디	주문일
ORDER_ID	CUST_ID	EMP_ID	ORDER_DT
10000	2596	23480	2013-12-06
10001	5464	16780	2013-11-01
10002	3210	63278	2014-03-02
10003	2445	15501	2014-02-23
10004	5632	15687	2013-11-13

● 직원연봉 테이블: STAFF_SAL

사번	직위	현재 연봉(단위 USD)	영어 점수
ID	JOB	CURRENT_SAL	ENG_SCORE
2148	OFFICER	40,000	90
5780	CLERK	32,000	98
6870	MANAGER	100,000	81
4565	CLERK	30,000	79
9687	CLERK	33,000	66
7337	MANAGER	100,000	95
1321	OFFICER	43,000	80
9895	CLERK	30,000	50

● 직원정보 테이블: EMPLOYEE

| 직원아이디 | 직급 | 이름 | 내선번호 |
EMP_ID	GRADE	NM	TELNO
15501	8	YK MO	5740
15687	8	SS CHANG	5547
16780	5	HY YOO	2327
63278	7	JW PARK	2304
87871	7	SW HONG	2367
23578	6	JI CHOI	4654
32480	6	JM CHA	1270
23480	5	KE LEE	5466

● 직원정보 테이블: CLERK

| 사번 | 이름 | 부서명 | 성별(M : 남, F : 여) | 생년월일 | 재직 구분(Y : 재직, N : 퇴직) |
ID	STAFF_NM	DEP_NM	GENDER	BIRTH_DT	EMP_FLAG
135	이민성	마케팅부	M	1984-02-11	Y
142	김선명	영업지원부	M	1971-12-08	Y
121	신지원	리스크부	F	1978-05-28	Y
334	고현정	전략기획부	F	1965-01-12	Y
144	이기동	마케팅분석부	M	1981-03-03	Y
703	송지희	검사부	F	1985-05-14	Y
732	연승환	기업영업지원부	M	1990-01-26	Y
911	이명준	여의도지점	M	1988-06-11	N

● 직원정보 테이블: CLERK2

| 사번 | 이름 | 부서명 | 성별(M : 남, F : 여) | 생년월일 | 재직 구분(Y : 재직, N : 퇴직) |
ID	STAFF_NM	DEP_NM	GENDER	BIRTH_DT	EMP_FLAG
135	이민성	마케팅부	M	1984-02-11	Y
142	김선명	영업지원부	M	1971-12-08	Y
121	신지원	리스크부	F	1978-05-28	Y
334	고현정	전략기획부	F	1965-01-12	Y
144	이기동	마케팅분석부	M	1981-03-03	Y
703	송지희	검사부	F	1985-05-14	Y
732	연승환	기업영업지원부	M	1990-01-26	Y
911	이명준	여의도지점	M	1988-06-11	N
955	김성철	마케팅분석부	M	1972-08-05	Y
978	이병헌	마케팅부	M	1974-02-09	Y

● 카드 테이블: CARD_ACCT

| 주민등록번호 | 카드형태
(체크카드: 8 신
용카드: 1,2 | 카드
발급일 | 카드
해지일 | 유효기간 | 현금카드
기능 | 종별 코드 |
SSN	CC_GRADE	ISSUE_DT	CLOSE_DT	VALID_YYMM	CASH_USE_FLG	CC_VARIETY_CD
5707121111000	8	2012-03-26		201503	Y	11111
7706302222111	2	2011-12-22	2013-12-01	201512		44444
6508112222333	8	2013-06-08		201806	Y	11111
8204073333111	8	2013-09-28		201809	Y	22222
5707121111000	1	2009-11-17		201411		33333
7706302222111	8	2010-07-27		201407		22222
8204073333111	2	2010-09-11		201509	Y	44444
8204073333111	1	2013-11-26		201811		33333

CC_VARIETY_CD	설명
11111	이기자카드
22222	지키자카드
33333	SQL카드
44444	행복한카드

● 학생과목별점수 테이블: STUD_SCORE

학번 STUDENT_ID	수학 점수 MATH_SCORE	영어 점수 ENG_SCORE	철학 점수 PHIL_SCORE	음악 점수 MUSIC_SCORE
0123511	89	78	45	90
0255475	88	90		87
9921100	87			98
9732453	69	98	78	78
0578981	59	90	89	
0768789	94	80	87	99
9824579	90	90	78	87
0565789	58	64	72